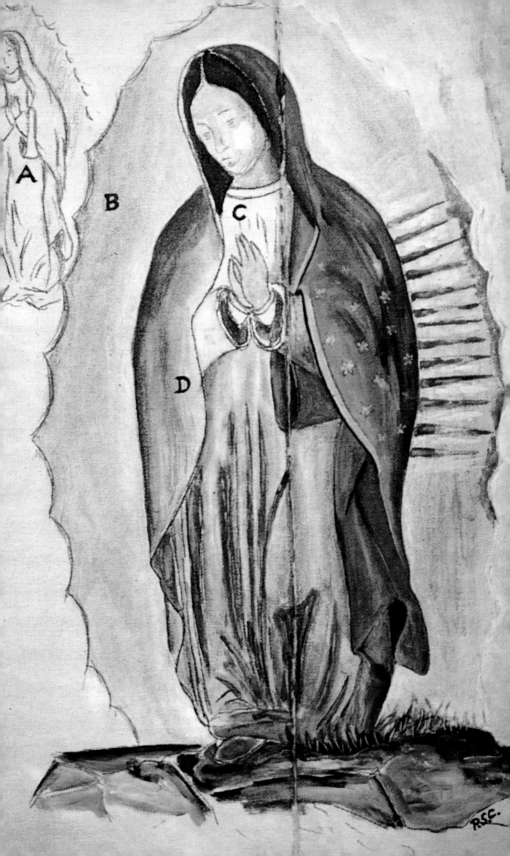

About the Tilma

The two facing photographs represent, left and right respectively, the traditional image of the Tilma and an infrared study done by Philip Serra Callahan. Georgetown University Press is grateful to Professor Callahan for permission to reproduce his photographs and to include the following partial summary of his conclusions based on a study of the infrared image.

1. The original figure, including the rose robe, blue mantle, hands and face, is inexplicable. In terms of the infrared study, there is no way to explain either the kind of color pigments utilized, or the maintenance of color luminosity and brightness of pigments over the centuries. Furthermore, when consideration is given to the fact that there is no underdrawing, sizing or over-varnish, and that the weave of the fabric is itself utilized to give the portrait depth, no explanation of the portrait is possible by infrared techniques. It is remarkable that after more than four centuries there is no fading or cracking on the original figure on any portion of the agave tilma, which—being unsized—should have deteriorated centuries ago.

2. Some time after the original image was formed, the moon and the tassel were added by human hands, perhaps for some symbolic reason since the moon was important to both Moorish-Spanish and Aztec mythologies.

3. Some time after the tassel and the moon were added, the gold and black line decorations, angel, Aztec fold of the robe, sunburst, stars and background were painted, probably during the seventeenth century. The additions were by human hands and impart a Spanish Gothic motif to the painting. In all probability, at that same time the tilma was mounted on a solid support, the orange coloring of the sunburst and white fresco were added to the background. The entire tilma for the first time was completely covered with paint. It seems unlikely that Juan Diego could have worn a tilma stiffened with fresco on the fabric to the Bishop's palace. Therefore, the original must have been the simple figure on the cloth.

In all probability the Holy Image, especially at the bottom and around the edges, suffered some water damage, and the angel and other decorations, as well as the outer fresco white, were added to cover up the damage. This is in no way different from the patches added to the Shroud of Turin to cover the fire damage to the Holy Relic.

All of these extra human additions must have been applied after the original image was formed and mounted on a solid frame since there are no fold lines across the background.

In conclusion, the original Holy Image is inexplicable. The tassel and the moon were probably added in the sixteenth century by an Indian, and the Gothic decorations and background sunburst were also added by human hands, probably in the sixteenth or seventeenth century, in order to cover dirt or water damage and to preserve the outer fabric.

*BIBLIOGRAFÍA GUADALUPANA (1531–1984)
*Guadalupan Bibliography (1531–1984)

Compilada y editada por
Compiled and edited by

Gloria Grajales
Investigadora Titular de Historia
UNIVERSIDAD NACIONAL AUTÓNOMA DE MÉXICO

y
and

Ernest J. Burrus, S.J.

Georgetown University Press, Washington, D.C. 20057

Library of Congress Cataloging-in-Publication Data

Grajales, Gloria.
　Bibliografia guadalupana, 1531–1984.
　Bibliography: p.
　Includes index.
　1. Guadalupe, Our Lady of—Bibliography.　I. Burrus,
Ernest J.　II. Title.　III. Title: Guadalupan
bibliography, 1531–1984.
Z8552.G7　1986　　　016.23291'7'097253　　　86-7597
[BT660.G8]
ISBN 0-87840-442-2

Sincere gratitude is extended by the Guadalupan Studies scholars to the following, whose generous gifts made possible the publication of this bibliography:

Manuel R. Caldera
Joseph A. and Frances M. Reyes
Jill and Dick Riordan

May Our Lady of Guadalupe spread her protective tilma over them and their families.

A manera de aclaración:

Bibliografía Guadalupana constituye una recopilación de las obras que sobre Guadalupanismo se han impreso en diversos idiomas y en su origen fue realizada como trabajo de investigación académica para la Institución Universitaria donde he venido colaborando en calidad de Investigador Titular de Historia, tiempo completo, de la misma.

Autorizada su publicación según transcribo, en Oficio del 7 de octubre de 1982, Número 623/82, Oficina 17.1/I, suscrito en la Universidad por personal autorizado del I. I. B., dice:

". . . le communico que por acuerdo de la Comisión Editorial se aprobó su solicitud de publicar la *Bibliografía Guadalupana* fuera del Instituto. . . .". *Rúbricas.*

Oportunidad que amablemente se me presentó para editar esta obra, corregida y aumentada de su original manuscrito, por el "Center for Applied Research in the Apostolate (CARA), Guadalupan Studies", de la ciudad de Washington, D.C., en los Estados Unidos de Norteamérica, por los eruditos historiadores G. Gordon Henderson, S.J., Associate Director of Research y Ernest J. Burrus, S.J., eminente y distinguido colaborador de la investigación que hoy se publica y para quienes, en forma diversa, quedo en deuda de gratitud.

Gloria Grajales
Investigador Titular

Ciudad de México, Junio de 1983.

INTRODUCCIÓN

Todo acontecimiento histórico verdaderamente importante queda reflejado en la tradición oral y en la bibliografía manuscrita e impresa. El hecho guadalupano en Tepeyac no es una excepción. A lo largo de los años y siglos, tanto la tradición como las fuentes escritas, se iban registrando y matizando paralelamente. La tradición oral se consignaba parcialmente en los relatos escritos y más tarde en los impresos.

La mayor parte de la *Bibliografía* que editamos aquí se debe a la competente e incansable investigación de la doctora Gloria Grajales, Investigadora Titular de Historia de la Universidad Nacional Autónoma de México.

El que escribe estos renglones compiló la mayor parte del catálogo de los manuscritos. El lector echará de menos no pocos manuscritos que tradicionalmente se consideraban guadalupanos; pero, al ser estudiados y analizados, fueron rechazados o por ser espurios o no contener nada relativo al tema que tratamos. Así, por ejemplo, una carta fechada 2 de noviembre 1535, atribuida a Zumárraga y dirigida supuestamente a fray Toribio Benavente (Motolinía), conservada en la Biblioteca del Seminario Palafoxiano y publicada en *Histórica* III (abril-junio de 1978), es un documento apócrifo y espurio; y, por tanto, no lo reseñamos en esta Bibliografía.

Además, el lector quiere saber si existe todavía el manuscrito y dónde. Sí reseñamos no pocos documentos desaparecidos, pero que se sabe con certeza que existían. Así, por ejemplo, reseñamos el *Nican Mopohua* original, cuyo paradero se conocía durante unos 150 años (1552–1700), aunque desapareció después del año 1700, cuando lo legó Sigüenza y Góngora al colegio jesuítico mexicano de San Pedro y San Pablo. Por ser una fuente de suma importancia, registramos todos los demás manuscritos del relato que tienen un valor histórico especial. Lo mismo vale del *Testamento* de Juan Diego.

A veces catalogamos algún manuscrito aunque posteriormente se imprimió. Veamos algunos ejemplos. Cuando se llevó en procesión la sagrada imagen desde el palacio obispal a la primitiva capilla en Tepeyac el día 26 de diciembre 1531, se cantó un himno náhuatl compuesto por el cacique don Francisco Plácido y conocido bajo el título de "Pregón del Atabal". No se publicó hasta casi cuatro siglos después. Lo mismo vale de la "Relación primitiva de las apariciones", compuesta 1541–1545, no apareció hasta 1979. Sustancialmente es el mismo relato que el *Nican Mopohua*, pero mucho más breve y menos dramático.

Como el título lo indica, esta no es una bibliografía general de México sino una bibliografía muy específica: guadalupana. Por tanto, no registra obras históricas generales sino sólo las que reflejan el hecho guadalupano. Si el título mismo de la obra no indica algún elemento guadalupano, sí lo señalamos en nuestro comentario.

Para no abultar la obra desmesuradamente, damos el título completo del impreso la primera vez que aparece; y, en las demás, sólo los elementos que cambian o varían, y remitimos al lector al número de su primera impresión.

Hacemos lo posible para que esta *Bibliografía* sea la más exacta y completa que se ha publicado. Se debe mucho a otros bibliógrafos e investigadores en el mismo campo: Eguiara y Eguren, Beristáin, Medina, Velázquez, Montejano y Aguiñaga, De la Torre Villar y Navarro de Anda, Demarest-Taylor.

El comentario se redactará en dos idiomas: castellano e inglés. Los títulos de las obras se darán sólo en el idioma original. Incluimos una aclaración de la Dra. Grajales, una tabla de abreviaturas, una lista de las obras citadas a lo largo de la *Bibliografía*, y el índice analítico para facilitar la consulta rápida de toda la obra.

Conservamos la ortografía de los títulos originales; pero, dada la grande variedad de la manera de acentuarlos, los modernizamos para facilitar su lectura.

No se puede calificar ninguna bibliografía absolutamente completa o definitiva, mucho menos la guadalupana. No sólo se publilcarán constantemente nuevos estudios sobre nuestro tema, sino también vendrán a luz más y más documentos antes desconocidos. Por tanto, aunque pretendemos hacer esta Bibliografía la más exacta y completa posible, no podemos prometernos que no se haya deslizado ninguna inexactitud ni que se haya pasado por alto ninguna obra. Por consiguiente, suplicamos a nuestros lectores que nos informen de lo uno u otro para rectificarlo en una edición ulterior.

Procuramos presentar una obra rigurosamente objetiva e imparcial. Si se reseñan algunas obras polémicas, lo hacemos para que la *Bibliografía* resulte completa, no para avivar la controversia.

Fácilmente se dará cuenta el atento lector, por medio de esta *Biblio-*

grafía, de la abundancia y variedad de los escritos guadalupanos producidos en el curso de más de cuatro siglos y medio: manuscritos desde 1531 e impresos desde 1610.

Los manuscritos que reseñamos no dejan ninguna duda de que el historiador eminente mexicano Joaquín García Icazbalceta estaba equivocado al pensar que no existía ningún documento del siglo XVI que probara el hecho histórico de las apariciones y la devoción guadalupana expresada desde entonces. Si su aserto correspondía a la realidad cuando lo escribió (1888), ciertamente ya no se puede afirmar hoy en día.

El lector se dará cuenta de otro hecho histórico en esta *Bibliografía* que ahora debería quedar fuera de toda duda. El P. Mariano Cuevas, S.J. afirmó en 1921 que Winfield Scott, invasor de México, llevó consigo en 1847 el precioso original del *Nican Mopohua* redactado por Antonio Valeriano, y que nunca fue devuelto a Mexico: afirmaciones repetidas muchas veces por el mismo historiador y otros escritores, mexicanos y extranjeros. Pero ¿qué es el hecho histórico? Poco después de ser trasladado en 1700 el relato original al colegio jesuítico de San Pedro y San Pablo por legado generoso de Carlos de Sigüenza y Góngora, desapareció sin dejar traza. Boturini lo buscó incansablemente desde su llegada a México en 1736 hasta su salida en 1743; hojeó lo que quedaba de la Colección de Sigüenza y Góngora; pero en vano. Otros investigadores también lo buscaron afanosamente; siempre sin resultado positivo. ¿Cómo pudo Scott incautar lo que ningún otro logró descubrir?

Se espera que esta *Bibliografía* más completa y científica corresponda al creciente interés de los lectores y estudiosos por el hecho guadalupano de 1531 y sus consecuencias en México y otros países durante más de cuatro siglos y medio.

Ernest J. Burrus, S.J.

30 de abril de 1985

INTRODUCTION

Every truly important historical event is reflected in oral tradition and then in the bibliography of manuscript and printed works. The Guadalupan happenings at Tepeyac constitute no exception. In the course of years and centuries, both the tradition and the written sources were being recorded and were acquiring more details at the same time. The oral tradition was at first partially consigned to the handwritten word, which later found its way into print.

We owe the greater part of the *Bibliography* edited here to the competent and tireless efforts of Doctor Gloria Grajales, Investigadora Titular de Historia, of the Autonomous National University of Mexico.

The author of these lines compiled the greater part of the lists of manuscripts. In this area the reader will miss not a few manuscripts traditionally considered as Guadalupan; but, on more careful study and analysis, they turned out to be spurious or not containing anything pertinent to our subject. Thus, the letter dated November 2, 1535, attributed to Zumárraga and supposedly addressed to Fray Toribio Benavente (Motolinía), preserved in the library of the Seminario Palafoxiano (Puebla) and published in the review *Histórica* (April–June 1978) is apocryphal and spurious. Consequently, it finds no place in this *Bibliography.*

Obviously, the reader will wish to know whether a manuscript recorded here still exists and where it is preserved. We do list many documents which have disappeared, but only those which it is certain once existed. Thus, we include the original *Nican Mopohua*, whose whereabouts were known for some 150 years (1552–1700), although it disappeared after 1700, when Sigüenza y Góngora donated it to the Jesuit College of San Pedro y San Pablo. Because it is a source of the highest importance, we record all the other manuscripts of the same account which have special historical value. The same is to be said about the *Testament* of Juan Diego.

Occasionally we catalogue a manuscript that was later printed. A few examples. When the Image of Our Lady was carried in procession from the bishop's palace to the first chapel (hermitage) on Tepeyac Hill on December 26, 1531, the participants sang a Nahuatl hymn composed by the native chieftain Francisco Plácido. It is known as "The Proclamation of the Drum." It was not published until nearly four centuries later. The same is true of the "Primitive Account of the Guadalupan Apparitions," written in 1541–1545, but not published until 1977. It is substantially the same as the *Nican Mopohua,* but much briefer and less dramatic.

As is evident from the title of this book, we are not attempting to compile a general bibliography of Mexican history but rather a very specific catalogue of Guadalupan items. Whenever the title does not clearly indicate any Guadalupan element, our commentary will justify its inclusion.

In order not to render the book too bulky, we give the complete title of the printed item the first time we list it and indicate for subsequent editions only such elements as change (year and place of publication).

We have striven to make this bibliography the most exact and complete that has ever been published. We owe much to other bibliographers and researchers of the same subject: Eguiara y Eguren, Beristáin, Medina, Velázquez, Montejano y Aguiñaga, De la Torre Villar y Navarro de Anda, Demarest-Taylor.

Our commentary appears in two languages: Spanish and English. The titles listed will appear only in their original language. We include a statement by Doctor Grajales, a list of abbreviations, a bibliography of works cited in shortened form in the commentary, and an analytical index to facilitate the rapid consultation of the volume.

We preserve the spelling of the original titles; but, in view of the great variety in accentuation in the course of years, we have modernized it to avoid confusion.

No bibliography can be qualified as absolutely complete and definitive. This is particularly true of a Guadalupan bibliography. Not only will new pertinent items always be appearing, but also more and more documents, hitherto unknown, will be coming to light. Accordingly, even though we are striving to make this bibliography as exact and complete as possible, we cannot hope to avoid every error or include every pertinent item. Consequently, we ask our readers to call our attention to either type of deficiency in order to render subsequent editions less imperfect.

We have endeavored to compile a strictly objective and impartial work. If a few polemical items have been included, this was done to render the bibliography complete, not to stir up sterile controversy.

The observant reader will soon realize from this *Bibliography* what an abundance and variety of Guadalupan writings have come into being in the course of more than four and a half centuries: manuscripts beginning in 1531 and printed materials starting in 1610.

The manuscripts listed here leave no doubt that the eminent Mexican historian Joaquín García Icazbalceta was mistaken in thinking that no document of the sixteenth century could be cited to support the Guadalupan Apparitions and the devotion that resulted from them. If his conviction ever corresponded to reality when he made it public (1888), it can no longer be held in the light of overwhelming evidence to the contrary.

The reader will also become aware of another fact as he consults this *Bibliography:* The claim first made by Mariano Cuevas in 1921 that General Winfield Scott, on leaving Mexico City in 1847 after invading it, took with him the precious original *Nican Mopohua,* written by Antonio Valeriano, and it was never returned. This claim has been repeated many times by him and other writers. What are the facts? Shortly after the ms. was given by Carlos de Sigüenza y Góngora as a legacy to the Jesuit College of San Pedro y San Pablo in Mexico City, it disappeared without leaving a trace. Boturini searched for it tirelessly from his arrival in Mexico in 1736 until his departure in 1743. In vain he leafed through every page of every document in what was left of the Sigüenza y Góngora Collection; all in vain. Other researchers did the same. How, then, could Scott succeed in finding what all others failed to find?

It is hoped that this more extensive and scientific *Bibliography* measures up to the greater interest of the readers and scholars in the historic Guadalupan event of 1531 and its effects in Mexico and other countries during more than four and a half centuries.

Ernest J. Burrus, S.J.

April 30, 1985

ABREVIATURAS

(ABBREVIATIONS)
I. OBRAS
(WORKS)

BBB = BURRUS, Ernest J., S.J., *The Basic Bibliography of the Guadalupan Apparitions* (1983).

BJD = BURRUS, Ernest J., S.J., *Juan Diego and Other Native Benefactors in the Light of Boturini's Research* (1984).

BLC = BURRUS, Ernest J., S.J., *La continuidad y congruencia de los documentos de la historia Guadalupana* (1982).

BMQ = BURRUS, Ernest J., S.J., *A Major Guadalupan Question Resolved* (1979).

BOC = BURRUS, Ernest J., S.J., *The Oldest Copy of the Nican Mopohua* (1981).

DTDV = DEMAREST, Donald & TAYLOR, Coley, *The Dark Virgin* (1956).

MAN = MONTEJANO Y AGUIÑAGA, Rafael, *Notas para una Bibliografía Guadalupana* (1976).

MG = *Monumentos Guadalupanos*, 5 legajos de documentos; cf. *infra*, núm. 8.

THG = *Testimonios históricos Guadalupanos*, por Ernesto de Torre Villar y Ramiro Navarro de Anda (1982).

VLA = VELÁZQUEZ, Primo Feliciano, *La aparición de Santa María de Guadalupe* (1931).

II. SIGLA

c. = circa; cerca de (approximately)

C.D. = Carmelita Descalzo (Discalced Carmelite)

cf. = confer, véase (see).

ed. = edición (edition)

idem	=	el mismo autor (the same author)
ilus.	=	ilustrado (illustrated)
loc. cit.	=	en el lugar citado (in the place cited)
ms.	=	manuscrito (manuscript)
O. de la M.	=	Mercedario (Mercedarian)
O.F.M.	=	Franciscano (Franciscan)
O.P.	=	Dominico (Dominican)
op. cit.	=	obra citada (work cited)
O.S.A.	=	Agustino (Augustinian)
pbro.	=	presbítero (diocesan priest)
s.i., s.i.p.	=	sin (pie de) imprenta (no printer indicated)
S.J.	=	Jesuita (Jesuit)
Tip.	=	Tipografia (Printer)

SECCIÓN DE COLECCIONES DE DOCUMENTOS Y MANUSCRITOS GUADALUPANOS

Collections of Guadalupan Documents

1. Archivio della Provincia Romana della Compagnia di Gesù (Roma) *Correspondenza di P. Andrés Cavo con Antonio de León y Gama e P. José Antonio Pichardo*. 20 cartas (letters) de 1796 a 1803, tema principal: los documentos comprados en México que forman ahora (principal topic: documents bought in Mexico City which now form the): Collection Goupil-Aubin; cf. núm. 5.

2. Archivo General de la Nación (Mexico) Entre los numerosísimos documentos guadalupanos conservados en AGN se destacan por su valor histórico los siguientes. (Among the very numerous Guadalupan documents preserved in the AGN the following stand out for their historical importance.)

    1. *Informaciones de Cuautitlán, año 1798*. "Doña María Revuelta solicita permiso para erigir una capilla en el sitio llamado de Tlayacac, donde dice vivió el venturoso indio Juan Diego." Procede (From): *Clero secular y regular*, tomo 7, ff. 277–315v: 78 hojas (leaves).

    2. *Casa de Juan Diego de Tulpetlac*. "Oficio del Exmo. Sr. Virrey (Manuel Antonio Flórez) a S.E.I. (el arzobispo Alonso Núñez de Haro) acompañando el expediente promovido por el cura de Sta. María Tulpetlac, jurisdicción de San Cristóbal Ecatepec, solicitando licencia para erigir una capilla en el paraje que dicen se apareció N. Sra. de Guadalupe . . . Año 1789." Procede (From): *Bienes Nacionales* (ex archivo arzobispal), leg. 575, 3 folios (leaves).

    3. *Qüenta y razón de las qüentas . . . del gobernador de este pueblo de Santa María Tolpetlac . . . este año pasado de 1791 años*. 2 folios (leaves). La segunda entrada reza. (The second entry reads.) "Por las diligencias que tratábamos de la Capilla de Tlaxanpan de Juan Diego gasté: 1 peso 2 reales." (Expenses incurred in the upkeep of the Chapel of Tlaxanpan of Juan Diego: 1 peso and 2 reales.) No se indica en qué ramo del Archivo se conserva el documento. (There is no archival designation on the document.)

3. Basílica de Nuestra Señora de Guadalupe (México) Boturini de Benaduci, Lorenzo. *Las apariciones guadalupanas a Juan Diego*. Obra incompleta de 93 hojas. (Incomplete work in 93 leaves.) Autógrafo, menos tres hojas de sumarios (Autograph except for three pages of summaries.) Latín con algunas páginas de castellano y náhuatl (Latin with several pages of Spanish and Nahuatl.) Título: Laurentii Botturini de Benaduci, sacri romani imperii equitis, Domini de Turre et Hono, cum pertinentiis, Margarita Mexicana; id est, Apparitiones Virginis Guadalupensis Ioanni Didaco eiusque avunculo Ioanni Bernardino, necnon alteri Ioanni Bernardino, regiorum tributorum exactori acuratius (*sic*) expensae tutius propugnatae, sub auspitiis. Cf. núm. 4. Sumarios de

los dos cuadernos; no es letra de Boturini. (Summary of the two bundles; not in Boturini's hand): Las primeras dos foxas hablan de los conatos del autor por adquirir documentos relativos a la Aparición, las dificultades que se le oponían en la desconfianza de los indios y españoles, sus viages a varias partes, sus enfermedades y gastos; pero que ya provisto de buenas noticias, emprende su obra que cree quedará desempeñada en 31 fundamentos. Sigue después el *Prologus Galeatus*, en él que va tratando de los *Fundamentos;* pero en este quaderno sólo llegó al 3° *De Figuris Indorum geographicis.* Este [2 Quaderno] comienza así: *Thaumaturgae Virginis de Guadalupae Compendiaria Historia.* El cap. 1° tiene este rubro: *Dilabenti in Europa ob luteranam haeresim Fidei Catholicae Novi Orbis divina misericordia substituitur.* El segundo trata de las señales prodigiosas présagas de la venida de los españoles. El tercero trata ligeríssimamente de la conquista. Después no hace más que apuntar la materia de cada capítulo hasta el [número] 22. Lo demás no pasa de unos apuntes. Hasta aquí los sumarios. (Thus far the summaries.) Entre los documentos conservados en la caja fuerte de la Basílica estaba el *Testamento de Juan Diego.* Se sacó—hay señales de haber sido arrancado—y nunca se devolvió. Falta también la copia que estaba en el Museo Nacional. (Among the documents preserved in the Basilica was the *Testamento de Juan Diego.* It was removed and never returned; there is evidence of the document having been torn out. The Museo Nacional copy is also missing.) Como se verá abajo, una de las copias del *Nican Mopohua* hechas por Boturini se conservaba en la Basílica. (As will be noted below, one of the copies of the *Nican Mopohua* made by Boturini was preserved in the Basilica.)

4. BIBLIOTECA NACIONAL (Mexico) Sala José María Lafragua BOTURINI DE BENADUCI, Lorenzo, *Las apariciones guadalupanas a Juan Diego.* MS. de 8 hojas (leaves). Fragmento de una obra monumental sobre las apariciones guadalupanas y vida de Juan Diego cuando el autor fue arrestado en 1742. (This is a fragment of the monumental work on the Guadalupan apparitions and the life of Juan Diego when the author was arrested in 1742). La obra incompleta se conserva en la Basílica. (The incomplete work is preserved in the Basilica.) Cf. núm. 3; BURRUS, *Juan Diego.*

5. BIBLIOTHÈQUE NATIONALE (Paris) Collection Goupil-Aubin, reseñada por (as listed by): BOBAN Eugène, *Documents pour servir à l'histoire du Mexique. Catalogue raisonné de la collection du M.E. Eugène Goupil (Ancienne collection J.M.A. Aubin),* 2 vols. (Paris, 1891). Discuto cómo se formó la Colección y se llevó a París (I discuss the formation and transference of the Collection to Paris): *A Major Guadalupan Question,* 12–16.

Entre los numerosos manuscritos guadalupanos (among the numerous Guadalupan manuscripts): BOTURINI, *Nican Mopohua,* con su traducción al castellano, frase por frase (with his Spanish translation, phrase by phrase).

6. COLECCIÓN BOTURINI: BOTURINI COLLECTION   26 manuscritos guadalupanos originales y transcritos, de c. 1531 a c. 1740, reseñados en su *Catálogo,* 84–94 (147–150). (26 Guadalupan manuscripts, both original and transcribed, from c. 1531 to c. 1740, listed in his *Catálogo,* 84–94 (147–150).) La lista fue traducida y comentada por (the list was translated with a commentary by) BURRUS, *Juan Diego,* 27–34.

7. MUSEO NACIONAL (México)

   1. *Testamento de Juan Diego.* Asi como desapareció de la Basilica de Nuestra Señora de Guadalupe el *Testamento de Juan Diego,* también desapareció del Museo Nacional la copia del mismo que tenía Boturini y que pensaba insertar y comentar en su obra, *Las Apariciones Guadalupanas a Juan Diego;* cf. núm. 3. (As the *Testamento de Juan Diego* disappeared from the Basilica, so also did the copy possessed by Boturini which he intended to insert and comment on in his major work; cf. núm. 3.) Cf. VELÁZQUEZ, *La Aparición,* 425: En el inventario que de los documentos recogidos a Boturini hizó en 1745 don Patricio Antonio López, y que se conserva en el Museo Nacional, bajo el número 40 listó quince fojas, donde "se hallan diferentes cantares en lengua mexicana y española en elogios de la misma milagrosa aparición; y entre ellos una *Copia simple del testamento del dichoso Juan Diego* con un Mapa, y en el una Iglesia, y en su atrio un Religioso Franciscano y un Yndio como que le está exhortando; pertenece al pueblo de San Juan Baptista de uno de los circuitos de esta Corte." Versión inglesa (English translation): Burrus, BBB, 14; cf. *infra,* 19.

   2. *Información del Exc^{mo} Sr. Montúfar sobre el Sermón anti-guadalupano del Padre Bustamante, superior de los Franciscanos, 1556.* Título original (f. 1v): *Sobre la Casa de Nra. Sra. de Guadalupe.* 38 páginas (pages): folios 1–19v. Original. Cf. *infra:* 1556 (SECCIÓN DE MANUSCRITOS).

   3. *Escritos de Chimalpain.* Cf. BURRUS, *A Major Guadalupan Question,* 30–31. *Infra* se reseñarán muchos documentos y manuscritos del Museo Nacional. (*Infra* we will be listing many documents and manuscripts from the Museo Nacional.)

   4. *Pregón del Atabal* (1531); cf. *infra,* núm. 12.

   5. *Relación primitiva* (1541–1545); cf. *infra,* núm. 17.

8. NEW YORK PUBLIC LIBRARY (New York, N.Y.)

   1. *Monumentos Guadalupanos,* 3 vols., 1300 hojas (leaves), c. 1550–

c. 1860, recogidos por (formed by) José Fernando Ramírez; traducidos en parte por su ayudante (partially translated by his assistant) Faustino Chimalpopoca Galicia. Los documentos más importantes se reseñan abajo. (The more important items are specified below.) Ha estudiado esta Colección (the Collection has been studied by): BURRUS, *La continuidad; A Major Guadalupan Question; The Oldest Copy; The Basic Bibliography; Juan Diego.*

2. Rich 5. Cf. BURRUS, *Juan Diego*, 48.
3. Rich 59. Cf. *Ibidem.*

9. SECRETARÍA DE CABILDO ECLESIÁSTICO DE LA PUEBLA (Puebla, México)

1. *Nueve documentos fechados del 23 de marzo al 8 de octubre de 1819,* firmados por (signed by) José María Catalani (secretario), 9 hojas (leaves). Tratan principalmente de Boturini y sus investigaciones. (They deal mainly with Boturini and his research.)

2. [*Documento sobre el hallazgo de un óvalo que se encontró en la bodega de la capilla llamada la Parroquia.*] Se dice que (the document says that) "los primeros fieles guadalupanos colocaron [el óvalo] de Juan Diego". Una hoja (leaf), firmada por (signed by) José Mariano Pinos Alarcón, el 12 de febrero de 1828. El documento trata de la ubicación de los restos de Juan Diego. (The document deals with the resting place of the remains of Juan Diego.)

N.B. *Infra* citaremos (we shall be referring particularly in the) SECCIÓN DE MANUSCRITOS, otras (other) COLECCIONES DE MANUSCRITOS, especialmente (especially); ANALES DE TLAXCALA; ANALES MEXICANOS; ARCHIVO DE LA CATHEDRAL (Mexico); ARCHIVO DEL ARZOBISPADO (Mexico); UNIVERSIDAD DE MÉXICO.

Sección de Documentos y Manuscritos Guadalupanos

Individual Guadalupan Documents

10. *1519–1720. Anales de Tlaxcala.* MS. en poder de (in the possession of) Federico Gómez Orozco. Registran los acontecimientos del año 1530 (corregido del año 1510); notifican la venida del presidente de la Audiencia y agregan: "En el mismo año apareció nuestra amada Madre de Guadalupe y se manifestó al pobre indio llamado Juan Diego". No se ha publicado. (In this document is recorded the arrival of the President of the Audiencia in 1530 (corrected from 1510), with the additional information: "In this same year appeared our dearly beloved Mother of God, who revealed herself to the poor Indian Juan Diego." It has never been published.) Cf. VLA, 424–425; BBB, 15–16; BLC, 331.

11. *1519–1738, Anales de Cuitlaxcoapan: Noticias curiosas.* Mencionan la venida de Zumárraga a México en 1528 y la aparición de Nuestra Señora de Guadalupe en 1531. En 1926 estaban en poder de Federico Gómez Orozco. No están publicados. (They mention the coming of Zumárraga to Mexico City in 1528, and the Apparition of Our Lady of Guadalupe in 1531. In 1926 the document was in the possession of Federico Gómez Orozco. Unpublished.) Cf. VLA, 425; BBB, 15; BLC, 331.

12. *1531, 26 de diciembre.* Francisco Plácido, *Pregón del Atabal.* Náhuatl. Cantado cuando se llevó la Imagen a la ermita en Tepeyac. (Sung when the sacred Image was carried from Zumárraga's home to the Tepeyac hermitage.) Copias en (copies in) Biblioteca Nacional de México; Collection Goupil-Aubin (Paris). Texto castellano publicado (published Spanish text): THG, 23; textos náhuatl y castellano (Nahuatl and Spanish texts): Cuevas, *Album,* 21–23; náhuatl e inglés (Nahuatl and English): DTDV, 201–202. Lo mencionan (mentioned by) el P. Florencia y Carlos de Sigüenza y Góngora. Cf. VLA, 416; BBB, 18–19; BLC, 333.

13. *1531–1548. Anales de la Catedral de México.* Agustín de la Rosa vio estos textos en el Museo Nacional (México). Contienen dos datos clave: la aparición de Nuestra Señora de Guadalupe a Juan Diego en 1531, y la muerte de él en 1548. Cf. VLA, 424; Viñaza, *Bibliografía,* 318–320, reseña todos los "Anales de México y sus contornos." Observa: "Con este título se hallaban en la Biblioteca del Sr. D. José Fernando Ramírez dos tomos en folio, conteniendo en 1022 páginas copias modernas de 26 fragmentos antiguos en lengua mexicana . . . De uno solo hay una traducción, hecha por el Lic. Faustino Chimalpopocatl (*sic*) Galicia, y otros tienen al lado el texto mexicano." Cf. también BBB, 15; BLC. 331. (Agustín de la Rosa saw these texts in the Museo Nacional of Mexico City. They contain two items of information of great impor-

tance: the Apparition of Our Lady of Guadalupe to Juan Diego in 1531 and his death in 1548. Cf. VLA, 424; Viñaza, *op. cit.*, 318–320, lists all "these Annals of Mexico City and its vicinity," and notes: "Such was the title of the two volumes in folio of 1022 pages preserved in the library of José Fernando Ramírez. These are modern copies of 26 ancient fragments in Nahuatl, only one of which was translated by Licenciado Faustino Chimalpopoca Galicia. Others have a parallel Nahuatl text." Cf. also BBB, 15; BLC, 331.)

14. *1531–1622. Un legajo grande de antiguos títulos e instrumentos de una obra pía de pobres vergonzntes que estaba vinculada a la primera ermita y santuario de Guadalupe.* Hay en este legajo instrumentos que prueban el culto desde los tiempos immediatos a las Apariciones y mucho despues." ("A large dossier of ancient deeds and sources of the Pious Works for the Poor Beggars, associated with the first hermitage and sanctuary of Guadalupe. In this dossier there are documents which prove the existence of the cult from the time immediately after the Apparitions until much later.") Cf. Boturini, *Catálogo*, 92 par. 9 (149 par. 9); BJB, 32.

15. *1531–1863. Himnos en honor de Nuestra Señora de Guadalupe.* Extos son expresiones de la devoción popular guadalupana, especialmente de los indígenas; se conservan en las Colecciones del Museo Nacional (México), Bibliothèque Nationale (París), Boturini, Ramírez, etc. (Such compositions are the obvious expressions of popular Guadalupan devotion, especially of the Indians. They are most abundant, preserved in the Collections of the Museo Nacional, Bibliothèque Nationale, Boturini, Ramírez, etc.). Cf. *supra*, núm. 12; BBB, 18–19; BLC, 333.

16. *1540. Un mapa antiguo a que se refiere doña Juana de la Concepción, hija del cacique Lorenzo Aztatzintzin, que tenía asentada la aparición de Nuestra Señora de Guadalupe,* del año 1540, como lo dice doña Juana en su testimonio (*Informaciones de 1666*). (An ancient chart, mentioned by Juana Concepción, daughter of the chieftain Lorenzo Aztatzintzin, which records the Apparition of Our Lady of Guadalupe. The *Chart* goes back to 1540, as we are informed by Doña Juana in her deposition of 1666.) Cf. VLA, 416–417; BBB, 21; BLC, 335.

17. *1541–1545. Relación primitiva.* Anónima, atribuida al P. Juan González, de las Apariciones Guadalupanas (of the Guadalupan Apparitions). Manuscrito orginal, en náhuatl, está en la Biblioteca Nacional. (The original ms., in Nahuatl, is in the Biblioteca Nacional.) La versión castellana por el P. Mario Rojas (no por Faustino Galicia Chimalpopoca, como lo dice THG, 24) en J. Jesús Jiménez, *El Testimonio del Guadalu-*

pano del P. Juan González: Un documento valioso del siglo XVI (Guadalajara, 1977). Texto castellano en TGH, 24–25. (The Spanish translation is by Fr. Mario Rojas, given with the Nahuatl original in the study by Fr. J. Jesús Jiménez, *op. cit.*)

18. *Antes de 1548. Retrato de Juan Diego.* "Sirve también a las pruebas la Historia de su Divina Magestad el Retrato Original que tengo del dichoso Juan Diego, el que se ve pintado de rodillas, mirando al Cerrito de *Tepeyac*, donde se le Apareció la primera vez Nuestra Madre y Patrona, y tiene a el lado el Pozo Milagroso, que brotó de aguas minerales y muy saludables, quando encima de él se le apareció otra vez la Madre de Dios. Hallé dicho Retrato en Tlaxcallan, donde lo havía transportado un Sacerdote Indio que fue Vicario del Santuario de Guadalupe." (Likewise helpful in establishing the authenticity of the history of Her Divine Majesty, is the original portrait of Juan Diego in my possession. He is depicted on his knees as he looks towards Tepeyac Hill, where our Mother and Patroness appeared the first time. At her side is the miraculous well, where excellent mineral water sprang up. Above him the Mother of God of Guadalupe is represented appearing a second time. I came across this portrait in Tlaxcala, taken there by an Indian priest, formerly vicar of the sanctuary of Guadalupe.) Texto de BOTURINI, *Catálogo*, 93 par. 11 (149–150 par. 11); BJD, 33.

19. *1548.* JUAN DIEGO, *Testamento.* VLA, 425, advierte: "En el inventorio que de los documentos recogidos a Boturini hizo en 1745 don Patricio Antonio López, y que se conserva en el Museo Nacional, bajo el núm. 40 listó quince fojas, donde 'se hallan diferentes cantares en lengua mexicana y española en elogios de la misma milagrosa aparición; y entre ellos una *Copia simple del testamento del dichoso Juan Diego, con un mapa y en él una iglesia, y en su atrio un religioso franciscano y un yndio como le está exhortando*. Pertenece al pueblo de San Juan Baptista, de uno de los circuitos de esta Corte'". (This important document was drawn up sometime before 1548, the year of his death. (VLA, 425, observes: "In the inventory of the documents taken from Boturini in 1745 as listed by Don Patricio Antonio López and now preserved in the Museo Nacional, there is a ms. of 15 folios, numbered 40, where there are various songs in Nahuatl and Spanish in praise of the same miraculous Apparitions. Among these documents there is: *An Unauthenticated copy of the Testament of the Fortunate Juan Diego, with a chart showing a church in the atrium of which there is a Franciscan depicted in the attitude of exhorting an Indian*. The document belongs to the town of San Juan Bautista in the vicinity of this city of Mexico."). Cf. BBB, 14; BLC, 330; BJD, 35; BOTURINI, *Las apariciones* (*supra*, núm. 3).

20. c. *1550*. *Dos relaciones en náhuatl sobre la historia del Imperio Mexicano que mencionan las apariciones en Tepeyac en 1531* (Two accounts in Nahuatl dealing with the history of the Mexican Empire that mention the Tepeyac Apparitions in 1531.). BOTURINI, *Catálogo*, 85 par. 3 (147 par. 3); BJD, 27–28.

21. c. *1550–1600*. *Mapa en lienzo de las Apariciones Guadalupanas*. (A cloth chart depicting the Guadalupan Apparitions.) Cf. BOTURINI, *Catálogo*, 73–74 par. 2, 92 par. 10 (141 par. 2, 149 par. 10); BJD, 33.

22. c. *1550–1600*. *Un manuscrito náhuatl anónimo que trata de muchas cosas pertenecientes al Imperio Mexicano y refiere el haberse aparecido la Santísima Señora en el Cerro de Tepeyac*. (An anonymous Nahuatl ms. that recounts many events of the Mexican Empire and records the fact that the Most Blessed Lady appeared on the Tepeyac Hill.) Cf. BOTURINI, *Catálogo*, 85 par. 2 (147 par. 2): BJD, 27.

23. c. *1550–1600*. FERNANDO DE ALBA IXTLILXÓCHITL, *Historia de Guadalupe*, en castellano (in Spanish). Parece ser lo mismo que la versión perifrástica que usó el P. Francisco Florencia, de que habla tantas veces Sigüenza y Góngora. (This seems to be the explanatory version of the *Nican Mopohua* used by Florencia and about which Sigüenza y Góngora speaks so many times.) Cf. BOTURINI, *Catálogo*, 86 par. 6 (147 par. 6); BBB 11–12; BLC, 327–328; BJD, 28–29.

24. c. *1550–1600*. FERNANDO DE ALBA IXTLILXÓCHITL, *Milagros Guadalupanos*, agregados al *Nican Mopohua* (added to the *Nican Mopohua*). Cf. *infra*, núm. 25.

25. *1552–1560*. VALERIANO, Antonio, *Nican Mopohua* (*Aquí se cuenta-Here is recounted*), relato náhuatl (Nahuatl account). Por no saber escribir, Juan Diego tuvo que dictar la historia de las cinco Apariciones Guadalupanas a Antonio Valeriano, profesor y después rector del colegio de Santa Cruz de Tlaltelolco, quien donó el ms. original a don Fernando de Alba Ixtlilxóchitl. Este compuso los dos mss. relacionados con el *Nican Mopohua;* cf. *supra*, núms. 23–24. Además, obsequio el original a su hijo Juan. La familia lo entregó con muchos otros documentos mexicanos a don Carlos de Sigüenza y Góngora. Se conocía el paradero del *Nican Mopohua* original hasta 1700—unos 150 años—cuando Sigüenza y Góngora lo obsequió al colegio jesuítico de San Pedro y San Pablo. Desapareció pocos años más tarde. A la luz de este ms., Sigüenza y Góngora juzgó la exactitud y precisión de las numerosas obras guadalupanas que aparecieron durante su vida. Hoy el texto más anti-

guo conocido está en la Colección Ramírez de la New York Public Library, que posee otros dos mss. del *Nican Mopohua;* cf. núm. 8 y BOC. El ms. náhuatl (llamado *Garavito*) que Lasso de la Vega entregó al impresor Juan Ruiz existe aún; cf. *infra,* núm. 73. Boturini hizo dos copias (cada una con el texto náhuatl y su traducción castellana hecha por él mismo): una está en la Collection Goupil-Aubin y otra en la Basílica de Guadalupe, publicada varias veces; cf. *supra,* núms. 3 y 5; *infra,* núms. 23–24. Desde el año 1649, cuando Lasso de la Vega editó el *Nican Mopohua,* la obra ha sido publicado muchas veces, tanto en el original como en varios idiomas; cf. *infra* entre los IMPRESOS. (Inasmuch as Juan Diego did not know how to write, he dictated in Nahuatl the accounts of the five Guadalupan Apparitions to Antonio Valeriano, professor and later rector of the Colegio de Santa Cruz in Tlaltelolco. The latter gave the original ms. to Fernando de Alba Ixtlilxóchitl, who composed the two additional mss.; cf. *supra,* núms. 23–24. Don Fernando gave the *Nican Mopohua* as a legacy to his son Juan. The family donated it and many other Mexican documents to Carlos de Sigüenza y Góngora. The exact whereabouts of the original account was known until 1700—that is, for some 150 years—when Sigüenza y Góngora gave it to the Jesuit College of San Pedro y San Pablo. It disappeared a few years later; cf. BMQ. With this ms. before him, the Mexican savant could determine the exactitude of the many Guadalupan works that appeared during his lifetime. Today the oldest known copy of the *Nican Mopohua* is preserved in the Ramírez Collection of the New York Public Library; cf. *supra,* núm. 8, and BOC. The ms.—termed *Garavito*—which Lasso de la Vega handed to the printer Juan Ruiz for his 1649 publication still exists; cf. *infra,* núm. 73. Boturini made two copies—each with the Nahuatl text and his own Spanish translation: one is in the Collection Goupil-Aubin, and the other in the Basilica of Guadalupe, published several times; cf. *supra,* núms. 3 and 5; and *infra,* núms. 23–24. Beginning in 1649, the text of the *Nican Mopohua* was published many times, both in the original as well as in various languages, as will be seen in the section of printed works.)

26. *1556.* CHIMALPAHIN QUAUTLEHUANITZIN, Domingo de San Antonio Muñón, *Anales: Relación de Guadalupe.* El ms. náhuatl registra acontecimientos desde 1521. (The Nahuatl ms. records events beginning in 1521.) Cf. VLA, 423; BBB, 21, BLA, 335.

27. *1556.* BUSTAMANTE, Fray Francisco de, O.F.M. y MONTÚFAR, Fray Alonso de, O.P., *Información de 1556: Información que el arzobispo de México, don fray Alonso de Montúfar mandó practicar con motivo de un sermón que en la fiesta de la Natividad de Nuestra Señora (8 de septiembre de*

1556) predicó en la capilla de San José de Naturales del convento de San Francisco de México, el provincial fray Francisco de Bustamante acerca de la devoción y culto de Nuestra Señora de Guadalupe. El ms. original, de 38 hojas, firmado por (the original ms., of 38 leaves, signed by) A. archiep. mexicanus [= Montúfar], Francisco Quiñones de Cázares, notario apostólico, y Juan de Maseguer, está hoy en el Museo Nacional (is now in the National Museum of Mexico City) no se publicó hasta 1888, en Madrid (was not published until 1888, in Madrid). Nueva edición, con textos y estudios (new edition, with texts and studies): TGH, 36–1444. El título original (the original title): *Sobre la Casa de Nuestra Señora de Guadalupe;* el título moderno (the modern title of the ms.): *Información del Exc.^{mo} Sr. Montúfar sobre el Sermón antiguadalupano del Padre Bustamante, Superior de los Franciscanos, 1556.* Cf. VLA, 19–59.

28. *1559. Testamento de Cuauhtitlán: testamento de Juana (García) Martín, extendido por el escribano Jerónimo Morales.* Publicado por (published by): CUEVAS, *Album*, 85–90. Lo tradujo del náhuatl (translated from the Nahuatl): Faustino Chimalpopoca Galicia. Lleva testimonio y correcciones de (it was authenticated and corrected by) José Fernando Ramírez. Boturini vio el testamento en papel de maguey (Boturini saw the testament on maguey paper in the Ramírez Collection). Hay otra traducción de Carlos Tapia Zenteno, reproducida por Lorenzana, *Historia.* (There is another translation by Carlos Tapia Zentena, reproduced by Lorenzana, *Historia.*) VLA, 77–82, 418, trae la reproducción de tres copias (reproduces three copies of the *Testament*). Cf. BBB, 14; BLC, 330.

29. c. *1560. Testamento de Gregoria María.* Extendido por el escribano Jerónimo Morales. Deja un terreno a Nuestra Señora de Guadalupe. El documento asienta la aparición y refleja la devoción guadalupana. VLA, 418–419, analiza el testamento. (It was drawn up by the notary Jerónimo Morales. She leaves land to Our Lady of Guadalupe. The document records the Apparition and the subsequent devotion to Our Lady. VLA, 418–419, analyzes the testament.) Copias en Bibliothèque Nationale (París) y con José Miguel Guridi Alcocer. Cf. BBB, 14; BLC, 330.

30. *1560–1568.* Díaz del Castillo, Bernal, *Historia verdadera de la conquista de la Nueva España,* caps. 150 y 210. Señalamos la fecha de la redacción de la obra; sus observaciones personales guadalupanas remontan al tiempo de las apariciones. El ms. original, conservado en Guatemala (ciudad), no se publicó hasta 1632. Los textos de los capítulos citados arriba relatan la devoción guadalupana de los mexicanos

en Tepeaquilla (Tepeyac) y han sido reproducidos con comentario muchas veces: e.g. THG, 145–147. (We indicate the years when the work was written. The author's personal observations about Guadalupe go back to the time of the Apparitions themselves. The original ms., preserved in Guatemala City, was not published until 1632. The pertinent texts recounting the Guadalupan devotion of the Mexicans on Tepeyac Hill have been reproduced many times along with a commentary: TGH, 145–147.) Cf. BBB, 13; BLC, 329.

31. *1572.* Tomelín, Esteban (Sebastián), *Testamento*. Legado a Nuestra Señora de Guadalupe, publicado por el Sr. Vera en su *Tesoro Guadalupano* (1887). (A legacy made to Our Lady of Guadalupe, published by Sr. Vera, *op. cit.*) Cf. VLA, 418; BBB, 14; BLC, 330; BJD, 31; Boturini, *Catálogo*, 89–90 par. 3 (149 par. 3).

32. *1580. Testamento de una parienta de Juan Diego*. Boturini poseía el original, que menciona las apariciones guadalupanas y habla de la vida de Juan Diego. Boturini owned the original, which mentions the Guadalupan Apparitions and speaks about the life of Juan Diego.) Cf. VLA, 417–418; BBB, 14–15; BLC, 330.

33. *1582.* Philips, Miles, *Voyages, Voyages (Viajes)*. Conocida es la relación del viajero inglés, testigo ocular, en 1582, de la devoción universal en México a Nuestra Señora de Guadalupe, veneración de la imagen y descripción del santuario. (Well known is the report turned in by the English traveler, an eyewitness in 1582 to the universal Mexican devotion to Our Lady of Guadalupe, the veneration of the sacred Image and a description of the sanctuary.) Cf. BBB, 13; BLC, 329.

34. *Antes de 1589.* Rima con Bernal Díaz del Castillo otro escritor del siglo XVI, Juan Suárez de Peralta. Informa que el nuevo virrey Enríquez "llegó a Nuestra Señora de Guadalupe, que es una imagen devotísima, questá de México dos legüechuelas, la cual ha hecho muchos milagros. Aparecióse entre unos riscos, y a esta devoción acude toda la tierra." (In perfect agreement with Bernal Díaz del Castillo is another writer of the XVI century, Juan Suárez de Peralta. He tells us that the new Viceroy Enríquez "reached Our Lady of Guadalupe, a most devout Image, located less than five miles from Mexico City proper. It is the source of many miracles. Our Lady appeared among the crags. All the people come to pay homage to Our Lady here.") Cf. VLA, 58: [Suárez de Peralta] habiendo partido a España en 1579, terminó allá diez años después sus *Noticias Históricas;* BBB, 13; BLC, 329.

35. c. *1590*. Juan Bautista, *Relato Guadalupano (Guadalupan Account)*. Cf. VLA, 426: "Juan Bautista y Chimalpain (cf. *supra*, núm. 26) refieren solamente que Santa María de Guadalupe se apareció en Tepeyácac; poniendo el primero la Aparición en el año 1555 y el segundo en 1556." (Juan Bautista and Chimalpain merely record that the Blessed Virgin of Guadalupe appeared on Tepeyac Hill. The first places the Apparition in 1555 and the second in 1556). En náhuatl.

36. c. *1590–1863*. *Sermones Guadalupanos en náhuatl (algunos traducidos al castellano)*. Muchos de ellos en la Colección Ramírez. (Many of the Nahuatl Guadalupan sermons, some translated into Spanish, are preserved in the Ramírez Collection.) Cf. BBB, 16; BLC, 331–332.

37. c. *1595–1700*. *Comedias y coloquios*. De varias piezas dramáticas conservadas en la Colección Ramírez (MG), escojo: *El Portento Mexicano, Comedia original, copiada de un antiguo manuscrito y traducido al castellano*, por Faustino Chimalpopoca Galicia (sólo texto castellano). El tema del primer drama en náhuatl, c. 1531, es: *Las Apariciones de Nuestra Señora de Guadalupe*. El ms. forma parte de la Colección Ramírez (MG), serie I, vol. 2, ff. 158–237v. Al final hay esta nota: "Es copia fiel de la que posee D. José María Andrade y cuidadosamente cotejada con ella. México, noviembre 18 de 1858. José F. Ramírez (rúbrica)." *Poema cómico-historial: El Indio más venturoso y milagro de milagros*. Drama con escenas bíblicas, de 152 páginas, en castellano, por Mariano González de Avila y Uribe. En la misma Colección Ramírez (MG). Los coloquios son piezas dramáticas más populares que las comedias. Cf. Garibay, *Historia* II, pp. 133–134. De la Colección Ramírez, cito sólo: *Coloquios de la Aparición de la Virgen Santa María de Guadalupe*. Hay dos mss. de ellos: (a) *Copiados de un antiguo manuscrito*, escritos en náhuatl (versos troqueos), 59 páginas, sin fecha pero c. 1600; (b) *Versión española*, 63 páginas, de Faustino Chimalpopoca Galicia. Cf. Cuevas, *Album*, 103–106, con reproducción parcial facsimilar. (A brief selection from the Ramírez Collection: *The Mexican Wonder, an Original Comedy Transcribed from an Ancient Manuscript and Translated into Spanish*, by Faustino Chimalpopoca Galicia. Although originally composed in Nahuatl, only the Spanish translation survives. The theme of the earliest known Nahuatl drama, composed shortly after the event, records the Apparitions of Our Lady of Guadalupe. The ms. is in the Ramírez Collection, series I, vol. II, ff. 158–237v. A note at the end of the drama: "This is the oldest copy of the work in the possession of José María Andrade, and it has been checked very carefully against it. Mexico City, November 18, 1858, (signed) José Fernando Ramírez (rubric)." *A Comic-Historic Poem: The Most Fortunate Indian and the Miracle of Miracles*. This drama

in Spanish with numerous biblical scenes takes up 152 pages. It was composed by Mariano González de Avila y Uribe and is preserved in the Ramírez Collection. The colloquies were of a still more popular nature than the comedies. I cite just one example, taken from the Ramírez Collection: *Colloquies Concerning the Apparitions of the Virgin, Holy Mary of Guadalupe.* Two ms. copies have been preserved: (a) *Transcription from an Ancient Manuscript written in Nahuatl* (Trochaic verse, 59 pages, no date, but c. 1600); (b) *A Spanish Translation*, in 63 pages, made by Faustino Chimalpopoca Galicia. Cf. CUEVAS, *Album*, 103–106, with its partial facsimilar reproduction; BBB, 19–20; BLC, 333–334. *El Portento Mexicano*, de que hablamos al principio de este número lo atribuye BOTURINI, *Catálago*, 49 párr. 5 núm. IV, 87 párr. 8 (130–131 párr. 5 núm. IV, 148 párr. 8) a José Antonio Pérez de la Fuente, autor de varias otras obras en náhuatl. (BOTURINI, *loc. cit.*, attributes to José Antonio Pérez de la Fuente, *El Portento Mexicano*, mentioned at the beginning of this item. He is credited with several other works in Náhuatl.)

38. c. *1600–1985. Oraciones Guadalupanas en náhuatl y castellano.* Según el principio, "Lex orandi est lex credendi" (Los rezos expresan lo que se cree), las innumerables plegarias reflejan la devoción guadalupana durante casi cuatro siglos. Menciono sólo: de las numerosas oraciones, manuscritas e impresas, de la Colección Ramírez (MG), selecciono como ejemplo: *Oración a la Madre de Dios, Nuestra Señora de Guadalupe*, en náhuatl; un cuaderno, las primeras páginas (16) en versos troqueos; *Celestial Reina y Señora Virgen Madre de Dios, Nuestra Señora de Guadalupe*, en castellano, de cuatro páginas. Plegarias insertas en obras más completas; por ejemplo, en el libro (México, 1649) de Lasso de la Vega, al final (en náhuatl), traducida por Velázquez: *Oración que se ha de rezar a la Reina del cielo, nuestra preciosa Madre de Guadalupe;* cf. *El Gran Acontecimiento*, al final; las oraciones al final de la segunda copia del *Nican Mopohua* (Colección Ramírez; cf. *supra*, núm. 8 y especialmente 25; las poesías en castellano por el autor anónimo de la *Partida de Nuestra Señora de Guadalupe*, año 1634, *Laudanza de México y de Guadalupe*, año 1652, *La octava maravilla*, año c. 1680, por el P. Francisco de Castro, S.J.; cf. MÉNDEZ PLANCARTE, *Poetas novohispanos*. Muchos de los himnos y cánticos son verdaderas oraciones, por ejemplo: (a) *Cantar de los indios ancianos en los mitotes que hacían cuando se celebra la fiesta de Nuestra Señora de Guadalupe* (antes de 1629); (b) *Canción a Nuestra Señora de Guadalupe*, 5 páginas (Colección Ramírez (MG), en náhuatl, traducida al castellano por Faustino Chimalpopoca Galicia. (According to the well-founded principle, "The law of prayer is the law of belief"—that is, our prayers reflect exactly what we believe—countless

prayers record the Guadalupan devotion during nearly four centuries. I can mention only a very few of them. A wealth of prayers, handwritten and printed, in Nahuatl and Spanish, are preserved in the Ramírez Collection (MG). Thus, *Prayer to the Mother of God,* in Nahuatl, is directed to Our Lady of Guadalupe. Its Trochaic verses take up 16 pages. A second prayer in this same collection is: *Heavenly Queen and Lady, Virgin Mother of God,* and is obviously directed to Our Lady of Guadalupe. The Spanish text takes up four pages. More extensive works on Our Lady of Guadalupe often contain prayers to her. Thus, in Lasso de la Vega's classic work, *Nican Mopohua* (Mexico City, 1649), an inspired prayer is offered at the end of the slender volume. Velázquez translates it with the title, "A Prayer to be recited to the Queen of Heaven, Our Precious Mother of Guadalupe." Cf. the closing paragraphs of his *El Gran Acontecimiento.* Many of the hymns and canticles are genuine prayers. Thus: (a) *Song of the Indian Elders in the Dances they indulged in on their Feasts of Our Lady of Guadalupe* (prior to 1629); (b) *Song to Our Lady of Guadalupe,* 5 pages, in the Ramírez Collection, written in Nahuatl, translated into Spanish by Faustino Chimalpopoca Galicia.) Cf. BBB, 20–21; BLC, 334–335; DTDV, 195–212.

39. *Antes de 1621.* Capitán Angel de BETANCOURT, *Poema en honor de la Virgen de Guadalupe.* Manuscrito en el AGN. Texto castellano e inglés, con estudio (Spanish and English texts with a commentary): DTDV, 203–207. De esta obra habla extensamente (many details about this poem in): BOTURINI, *Catálogo,* 79 párr. 11, 85–86 párr. 4 (79 párr. 11, 85–86 párr. 4).

40. *1629–1630. Autor desconocido. Noticia de la morada que hizo la Imagen en la Santa Iglesia Metropolitana.* Manuscrito conservado en el Colegio Méxicano de San Pedro y San Pablo. (The ms. by an unknown author, is preserved in the main college of San Pedro y San Pablo of Mexico City.) Cf. BOTURINI, *Catálogo,* 91 párr. 6 (149 párr. 6).

41. *1629–1630. Autor desconocido. Noticia de lo sucedido durante la inundación de México,* recalcando la devoción a la Virgen de Guadalupe. Manuscrito conservado en el Convento Grande de San Francisco. (The ms., by an unknown author, emphasizes the devotion to Our Lady of Guadalupe and is preserved in the main Monastery of San Francisco, Mexico City.) Cf. BOTURINI, *Catálogo,* 91 párr. 7 (149 párr. 7).

42. *1629–1630. Autor desconocido. Noticia de la procesión de la sagrada Imagen para reparar la inundación en México.* Noticia sacada de los libros de

cabildo. (This account, by an unknown author, was taken from the Cabildo records.) Cf. Boturini, *Catálogo*, 90–91 párr. 5 (149 párr. 5).

43. *1666. Informaciones.* Estas informaciones las mandó sacar el Cabildo Eclesiástico de México para cerciorarse si la tradición guadalupana estaba bien fundada. Hay dos series de este año: (a) *La información de los ocho viejos de Cuauhtitlán;* cf. VLA, 184–206; (b) *El testimonio de doce personas insignes del país* (sacerdotes, religiosos, oficiales reales); cf. VLA, 207–223. Todos testificaron la antigüedad y extensión de la devoción guadalupana y del conocimiento de las apariciones. El primer grupo, de 78 a más de cien años, fácilmente alcanzaban a muchas personas ancianas, contemporáneas de las apariciones de 1531. (These official depositions were ordered by the Ecclesiastical Chapter of the Cathedral of Mexico City in order to determine whether the Guadalupan tradition was solidly founded on historical events. There were two series of depositions: (a) *The deposition of eight old men of Cuauhtitlán;* cf. VLA, 184–206; (b) *The testimony of twelve eminent persons (priests, religious and royal officials;* cf. VLA, 207–223. All witnesses testified to the antiquity and universality of the Guadalupan devotion, insisting on the fact that all knew about the Apparitions. The age of the first group ranged from 78 to more than one hundred years.) Texto completo en Vera, *Informaciones;* cf. BBB, 16–18; BLC, 332–333.

44. *1723, 5 de mayo y 16 de junio. Informaciones.* También estas informaciones las mandó sacar el Cabildo Eclesiástico de México para verificar lo bien fundada o menos de la tradición guadalupana. Estas testimoniales son más amplias que las de 1666: respuestas de 18 preguntas sobre las cuatro apariciones. Entre los declarantes: Fray Antonio Margil de Jesús y Dr. Rodrigo García Flores de Valdés. (These depositions were also ordered by the same Chapter of the Cathedral of Mexico to determine how well founded was the Guadalupan tradition. The depositions are more complete than those of 1666. They consist of replies to 18 questions. Among those interrogated are: Fray Antonio Margil de Jesús and Doctor Rodrigo García Flores de Valdés.) Texto completo en Vera, *Informaciones;* cf. BBB, 16–18; BLC, 332–333.

45. c. *1740.* Boturini de Benaduci, Lorenzo, *Diligencias que hize por encontrar los mappas y historias mexicanas.* Manuscrito en la Colección Ramírez, *Monumentos Guadalupanos*, segunda serie, vol. I, ff. 20–22. Versión inglesa (English version): BJD, 10–15; cf. *supra*, núm. 8.

46. *1742. Idem (the same author), Las apariciones guadalupanas a Juan Diego,* dos mss.: el primero que consta de 93 hojas es obra incompleta inte-

grada por dos cuadernos; cf. *supra*, núm. 3; el segundo, de 8 hojas, es menos completo, copiado por Veytia; cf. *supra*, núm. 4. El primer ms. está en la Basílica; el segundo, en la Biblioteca Nacional. (There are two mss. of this work. The first of 93 leaves and incomplete is made up of two bundles; cf. *supra*, num. 3. The second of 8 leaves is less complete; it is a Veytia copy; cf. *supra*, núm. 4.) BOTURINI, *Catálogo*, 88 párr. 12 (148 párr. 12) se refería a esta obra (referred to this work): "También hice un ensayo de la *Historia de mi Madre y Señora de Guadalupe* y de la *General de la Nueva España;* el que meditaba imprimir y comunicar al público para rastrear mayores luces y materiales en ambas historias." Traducido al inglés (translated into English): BJD, 30: "I also composed an outline of the *History of my Mother and Lady of Guadalupe* and of the *General History of New Spain,* which I planned to print and share with the people in order to secure more abundant knowledge and sources for both works."

47. *1742–1743. Idem (the same author), Carta sobre Juan Diego y la devoción guadalupana*. Al tiempo de su arresto, en noviembre de 1742, estaba redactando una biografía de Juan Diego. Consideraba tal vida una parte importante de la historia de Nuestra Señora de Guadalupe; y ésta como capítulo clave de la historia general del Nuevo Mundo. Estos son los temas de esta carta, conservada hoy en la Biblioteca de Antropología e Historia. (At the time of his arrest in November of 1742 he was writing a biography of Juan Diego. He regarded it as an important part of the history of Our Lady of Guadalupe, and this in turn as a key chapter in the general history of the New World. These are the themes of this letter, now preserved in the Library of Antropología e Historia in Mexico City.) La editó con excelente estudio (the letter was edited with an excellent commentary): SÁNCHEZ FLORES, *Juan Diego*, 94–97; y queda vertida al inglés, también con comentario (and translated into English with commentary): BJD, 15–17.

48. *1745–1790. Actas del Consejo de Indias*, ms. anónimo en New York Public Library, *Rich 5*, ff. 97–97v, 153–155v. Este expediente relata las decisiones oficiales del gobierno español relativas a Boturini y sus esfuerzos para salvar sus manuscritos. (This file records the official decisions of the Spanish Government regarding Boturini and his efforts to save his collection of manuscripts.) Cf. BJD, 3, 37, 48.

49. *1789. Casa de Juan Diego de Tulpetlac*. Manuscrito anónimo de 3 folios en el AGN. (An anonymous ms. of 3 folios in the AGN.) Cf. *supra*, núm. 2, donde se dan más detalles (which furnishes additional details).

50. *1791. Qüenta y razón de las qüentas . . . del gobernador de este pueblo de Santa María Tolpetlac*, ms. de 2 folios, conservado en el AGN, que trata de la Capilla de Juan Diego (a ms. of 2 leaves, preserved in the AGN, that deals with the chapel of Juan Diego). Cf. *supra*, núm. 2.

51. *1796–1803. Correspondenza di P. Andrés Cavo con Antonio de León y Gama e P. José Antonio Pichardo*, 20 cartas (letters), ms. Tema principal (main topic): los documentos comprados en México (documents bought in Mexico City) que forman ahora (which now form): Collection Goupil-Aubin; cf. *supra*, núms. 1 y 5; BMQ.

52. *1798. Informaciones de Cuauhtitlán*, ms. anónimo de 78 hojas, conservado en el AGN, que trata de la Capilla de Juan Diego (an anonymous ms. of 78 leaves preserved in the AGN that deals with the chapel of Juan Diego); cf. *supra*, núm. 2.

53. *21 de marzo a 8 de octubre de 1819, Nueve documentos*, firmados por José María Catalani, 9 hojas. Tratan principalmente de Boturini y sus investigaciones. Se conservan en la Secretaría de Cabildo Eclesiástico de la Puebla. (These nine documents, signed by Juan María Catalani, deal mainly with Boturini and his research; they are preserved in Secretaría de Cabildo Eclesiástico de la Puebla.) Cf. *supra*, núm. 2.

54. *1852. Las informaciones guadalupanas de 1852*, ms. de 32 páginas, de las cuales 28 fueron dactilografiadas y 4 de los originales en facsímil. Comienza: "Estas informaciones, a las que dio trámite el párroco de Cuautitlán, Edo. de México, D. José María Muñoz, por mandato del Arzobispo de México, D. Lázaro de la Garza y Ballesteros, fueron localizadas entre viejos documentos archivados en un armario de la casa del señor D. Lauro Covarrubias Morales, situada en esa misma ciudad . . . Los testigos de estas informaciones de 1852 están plenamente contestes con lo que afirmaron los testigos de las Informaciones Guadalupanas de 1798–1799, cuyo valioso documento se guarda en el AGN, y con las jurídicas informaciones de 1666 que se guardan en el Archivo de la Basílica de Guadalupe." (This ms. is made up of 32 pages: 28 were typed; the remaining 4 are facsimiles of the originals. The document begins: "These informations made possible through the efforts of the parish priest of Cuautitlán, in the State of Mexico, José María Muñoz, by order of the Archbishop of Mexico City, Lázaro de la Garza y Ballesteros, were discovered among some old papers kept in the wardrobe of the home of Lauro Covarrubias Morales of this same city . . . The witnesses of these informations of 1852 are in complete agreement with what was stated by those of the Guadalupan Informations of

1798–1799, the precious record of which is preserved in the AGN, and also with the juridical informations of 1666 which are kept in the Basilica of Guadalupe Archives.") Tengo en mi poder un ejemplar de estas *Informaciones de 1852*, debido a la fina generosidad de Mons. Enrique Salazar. (I have in my possession—thanks to the considerate generosity of Msgr. Enrique Salazar—a transcript of these *Informaciones de 1852*.)

55. *February 20, 1979*. SMITH, Sister Frances A., RSCJ, *Guadalupe Bibliography: A First Report*. Una bibliografía guadalupana extensa, preparada para CARA, de vii + 372 páginas (con índice) + 5 apéndices. No pocos de los números son más bien de historia general de México sin ninguna indicación de algún elemento guadalupano. Tengo un ejemplar en mi poder. (An extensive Guadalupan Bibliography, prepared for the Center of Applied Research in the Apostolate, Washington, D.C., made up of vii + 372 pages including an Index + 5 Appendices. Not a few of the items are of a general nature, rather than specifically Guadalupan or justifying their inclusion. I have a copy of the ms. in my possession.)

SECCIÓN DE DOCUMENTOS Y MANUSCRITOS MISCELÁNEOS

Miscellaneous Documents

Reservamos a esta sección lo que no consta con certeza de la autenticidad de la obra, de su autor o de la exacta naturaleza del escrito mismo, de su fecha o contenido o de que trata de la Virgen de Guadalupe de México. (We have kept for this section such works which do not give evidence of being authentically Guadalupan, whose author can not be determined with certainty, whose nature is not clear or whose date cannot be established beyond all doubt, or that it is questionable that they refer to Our Lady of Guadalupe of Mexico.

56. *1531–1548*. Zumárraga, Fray Juan de, O.F.M., *Escritos Guadalupanos:* (a) *Autos;* (b) *Carta.* Cf. VLA, 414–415; BBB, 6, 12; BLC, 322: "(a) *Los autos originales de las apariciones formados,* por el Sr. Zumárraga; (b) *La carta que él mismo escribió a los franciscanos europeos sobre las apariciones guadalupanas.* De los autos poseemos el testimonio del pbro. Miguel Sánchez y del P. Bartolomé García, vicario del santuario guadalupano. De la carta a los franciscanos, fray Pedro de Mezquía afirmó categóricamente que la vio y leyó en el convento de Vitoria, España, y que la carta relataba la aparición guadalupana, según y como aconteció. Cabrera Quintero y el canónigo Sopeña confirman la afirmación de Mezquía." ("(a) *The original acts dealing with the Apparitions,* compiled by Zumárraga; (b) *A letter Zumárraga wrote to his fellow Franciscans in Vitoria, Spain, about the Guadalupan Apparitions.* The diocesan priest Miguel Sánchez and Bartolomé García, vicar of the Guadalupe sanctuary, testified to these acts. Fray Pedro de Mezquía testified categorically that he read in the Franciscan monastery at Vitoria, the letter written by Zumárraga about the Guadalupan Apparitions. Their testimony is confirmed by the eminent artist Cabrera Quintero and Canon Sopeña.")

57. *15 de mayo de 1575*. Enríquez de Almanza, Martín, virrey, *Carta al Rey Felipe II, sobre lo que toca a la fundación de la ermita de Nuestra Señora de Guadalupe.* Texto y estudio (text and commentary): THG, 148–149.

58. *1576*. Sahagún, Fray Bernardino de, O.P., *Sobre supersticiones* (en *Historia general de las cosas de la Nueva España*). Texto y estudio (text and commentary): THG, 142–143; BBB, 12; BLC, 328.

59. c. *1577*. González de Eslava, Fernán, *Canción a Nuestra Señora,* que se halla en los *Coloquios espirituales y sacramentales,* publicados en 1610. No consta con certeza que se refiere a la Guadalupana Mexicana. (The canticle is found among the *Coloquios* published in 1610. It is not certain that it refers to the Virgin of Guadalupe or to the Blessed Virgin in general.) Texto y estudio (text and commentary): THG, 150–151.

60. *Fecha incierta (uncertain date)*. Pérez de la Fuente, José Antonio, *Relación de admirable Aparición de Nuestra Señora de Guadalupe en las dos lenguas castellana y mexicana*. Detalles en (details in) Boturini, *Catálogo*, 49 párr. 5 núm. I, 87 párr. 8 (130–131 párr. 5 núm. I, 148 párr. 8); BJD, 22, 29.

61. *Fecha incierta (uncertain date)*. *Idem (same author)*, *Versos mexicanos de Nuestra Señora de Guadalupe*. Detalles en (details in): Boturini, *Catálogo*, 49 párr. 5 núm. VIII (130–131 párr. 5 núm. VIII); EJD, 22.

62. *Fecha incierta (uncertain date)*. Avilés, presbítero (diocesan priest), *Apariciones Guadalupanas*. Detalles en (details in): Boturini, *Catálogo*, 87–88 párr. 9 (148 párr. 9); EJD, 29 párr. 9.

63. *Fecha incierta (uncertain date)*. *Inscripción Guadalupana*. Detalles en (details in): Boturini, *Catálogo*, 92 párr. 8 (149 párr. 8); EJD, "Un tanto de una lámina de plomo que se puso en la primera piedra quando se fabricó el segundo templo de Guadalupe." ("A copy of the lead plate which was enclosed in the first cornerstone when the second temple of Guadalupe was built.")

64. *Fecha incierta (uncertain date)*. *Varios instrumentos antiguos, que se conservaban en el Archivo de la Santa Catedral Metropolitana*. Detalles en (details in): Boturini, *Catálogo*, 89 párr. 1 (148 párr. 1); EJD, 30 párr. 1 (al final: at the end of the paragraph).

65. *Fecha incierta (uncertain date)*. Verdugo, Francisco, cacique, *Testamento*. Detalles en (details in): Boturini, *Catálogo*, 80–82 párr. 3, 89 párr. 2 (144 párr. 3, 148–149 párr. 2); EJD, 25 párr. 3, 31 párr. 2.

66. *Fecha incierta (uncertain date)*. Navarro, Luis, capitán, *Mapa del templo de Guadalupe*. Detalles en (details in): Boturini, *Catálogo*, 93 párr. 12 (150 párr. 12); EJD, 33 párr. 12.

67. *Fecha incierta (uncertain date)*. *Idem (same author)*, *Mapa de las casas de los prebendados de Guadalupe*. Detalles en (details in): Boturini, *Catálogo*, 93–94 párr. 13 (150 párr. 13); BJD, 34 párr. 13.

68. *Fecha incierta (uncertain date)*. Franquís, señor, *Apuntes históricos guadalupanos*. Detalles en (details in): Boturini, *Catálogo*, 88 párr. 10 (148 párr. 10); BJD, 29 párr. 10.

69. *Fechas inciertas (c. 1531–1742) (uncertain dates: about 1531 to 1742). Los demás mss. reseñados por (the other mss. listed by)* BOTURINI, *Catálogo,* especialmente 45–96 (129–151); BJD, 19–34.

IMPRESOS

Printed Works

Impresos del siglo XVII

XVIIth Century Imprints

70. *1610.* GONZÁLEZ DE ESLAVA, Fernán, *Canción a Nuestra Señora,* en *Coloquios espirituales y sacramentales* (Madrid, 1610). Cf. *supra,* núm. 59.

71. *1632.* DÍAZ DEL CASTILLO, Bernal, *Historia verdadera de la conquista de la Nueva España* (Madrid, 1632). Cf. *supra,* núm. 30.

72. *1648.* SÁNCHEZ, Miguel, pbro., *Imagen de la Virgen María Madre de Dios de Guadalupe. Milagrosamente aparecida en la Ciudad de México, Celebrada en su historia, con la profecía del capítulo doce del Apocalipsis* (México, en la Imprenta de la Viuda de Bernardo Calderón, 1648). 6h., 96ff.,7h. Cf. MAN, núm. 1; THG, 152–281: Texto castellano y estudio.

73. *1649.* LASSO DE LA VEGA, Luis, ed.; VALERIANO, Antonio, autor, *Huei tlamahuiçoltica (Gran acontecimiento) . . . Nican Mopohua (Aquí se cuenta);* cf. *supra,* núm. 25; BOC; BBB; THG, 282–308: Texto castellano y estudio; ROJAS SÁNCHEZ, Mario, *Nican Mopohua:* Texto castellano con estudio. Bajo los años respectivos reseñamos muchísimas ediciones del *Nican Mopohua.* (Under their respective years this work lists the numerous editions of the *Nican Mopohua.*)

74. *1660.* CRUZ, Mateo de la, S.J., *Relación de la milagrosa Aparición de Nuestra Señora de Guadalupe de México* (Puebla, Viuda de Borja, 1660). Cf. THG, 152, aludiendo a la obra de Lasso de la Vega, dice: "Mezclada la narración histórica de barrocas digresiones teológicas, su lectura para los que sólo quisieran enterarse de la narración histórica, resultaba difícil, por lo cual el P. Mateo de la Cruz, S.J. . . . la limpió de toda digresión y publicó bajo el siguiente título: *Relación.*" Cf. TGH, 152; MAN, núm. 3. Texto inglés (English version): DTDV, 63–96.

75. *1661.* VIDAL DE FIGUEROA, José, *Theórica de la Prodigiosa Imagen de la Virgen Santa María de Guadalupe de México en un Discurso Theológico que Predicó el Doctor Joseph Vidal de Figueroa* (México, Juan Ruyz, 1661). Cf. MAN, núm. 4.

76. *1662.* CRUZ, Mateo de la, S.J., *Relación* (Madrid, 1662). Primera edición: núm. 74. Cf. MAN, núm. 5.

77. *1664.* VÉLEZ DE GUEVARA, Juan, *Octavas heróicas en loor de la Santísima Virgen María de Guadalupe, aparecida milagrosamente en México.* Cf. MAN, núm. 6.

78. *1665.* SÁNCHEZ, Miguel, pbro., *Novenas de la Virgen María Madre de Dios: Para Sus dos devotíssimos Santuarios de los Remedios y Gvadalvpe.*

Dedicadas, A los Capitanes Ioseph de Quesada Cabreros, y Ioseph de Retis Largacha. Escritas a devoción del Bachiller Miguel Sánchez Presbýtero. (Con licencia En México: Por la Viuda de Bernardo Calderón, en la calle de San Agustín, 1665). Cf. MAN, núm. 7.

79. *1666*. BECERRA TANCO, Luis, pbro., *+ Origen + Milagroso del Santuario de Nuestra Señora de Gvadalvpe: Extramuros de la Ciudad de México, Fvndamentos Verídicos con que se prueba ser infalible la tradición que ay en esta Ciudad, acerca de la Aparición de la Virgen María Señora Nuestra, y de su milagrosa Imagen.* Sacados a luz Por el Br. Luis Bezerra Tanco, Clérigo Presbýtero, natural de este Arcobispado. Dedícalo al Muy Reverendo Deán, y Cabildo Sede Vacante de la Santa Iglesia de México, Metrópoli de este Reyno de la Nueva España. (Con Licencia, en México, por la Viuda de Bernardo Calderón, en la calle de San Agustín, 1666). Cf. MAN, núm. 8.

80. *1667*. MEDINA SOLÍS, Antonio, *Los que se presentó y recitó en el Cerro de Guadalupe en la solemne colocación de la Imagen de Ntra. Sra. en la nueva Hermita el día 2 de Febrero de 1667.* (Imp. en México por Calderón, 1667). Cf. MAN, núm. 9.

81. *1668*. SIGÜENZA Y GÓNGORA, Carlos de, *Primavera Indiana, Poema sacrohistórico, idea de María Santíssima de Gvadalvpe,* Copiada de Flores, escrivíalo D. Carlos de Sigüenza y Góngora. Al Capitán D. Pedro Velázqvez de la Cadena, Rector de la Ilustre Archi-Cofradía del Santíssimo Sacramento, Secretario de la Gouernación y Guerra de Nueva España y de Cámara del Tribunal de Qüentas de ella. Con licencia. (En México. Por la Viuda de Bernardo Calderón, en la calle de S. Agustín, 1668). Cf. MAN, núm. 10.

82. *1669*. LÓPEZ AVILÉS, José, *Poeticvm Viridarivm in honorem, lavdationem, et obseqvium, Purae admodum Valde nitidae ac nimis intemeratae Conceptionis Supremae Reginae supervm, Beatissimae Virginis nec primam similem, nec secundam habentis, Sacratissimae, Dei Genitricis, MARIAE ejvsdem Dominae miraculosae Mexiceae Imaginis de Gvadalvpe vocatae Nominis litteris, lucibvs, Transumptis, Iconis, signis, circunstantisqve miris mirificae apparitionis, insitum, ornatum variegatum, atque contextum.* Cui Rusticum ingeniolum Bacchalauri Iosephi López de Abiles Mexicani clerici vacans, Translationis munus obibat. (Mexici, ex typographia Viduae Bernardi Calderón. Per Petrum de Quiñones, 1669). Cf. MAN, núm. 12.

83. *1671*. SAN MIGUEL, Juan de, S.J., *Sermón que predicó el Rdo. P. Ivan de San Miguel, Religioso de la Compañía de Jesús, Rector del Colegio de Santa*

Ana de esta Ciudad de México. Al Nacimiento de N. Señora y Dedicación de su Capilla de Gvadalvpe, en la Santa Iglesia Cathedral, a expensas de la Archi-Cofradía del Santíssimo Sacramento Presente el Illustríssimo, y Reverendíssimo Señor Arçobispo de México D. Fr. Payo de Ribera. Dedícale, a la muy ilustre Archi-Cofradía del Santíssimo Sacramento y a su insigne Ror. el Capitán D. Ivan de Chavarría Valera Cavallero del Orden de Santiago, el Capitán Ivan Martínez de León, Mayordomo de la misma Santa Archi-Cofradía. (Con licencia: en México por Francisco Rodríguez Lupercio, 1671). Cf. MAN, núm. 13.

84. *1673.* HERRERA, José de, O.P., *Sermón qve predicó el R.P. Lector Regente F. Ioseph de Herrera, del Orden de Predicadores: en la solemne fiesta, qve se celebró este Año de 1672 En el Convento de Religiosas de Santa Catalina de Sena desta ciudad: A la Aparición milagrosa de la Santa Imagen de Gvadalvpe, dentro de las Octavas de la Inmaculada Concepción de la Virgen Santíssima Nuestra Señora. Dedícalo al R.P. Fr. Thomás Mexía, Procurador General de la Provincia de Santiago de Predicadores de Nueva España. Al nobilíssimo consulado de México: Y en él a los señores capitán D. Fernando Cabeça de Vaca, Prior; D. Felipe Navarijo; y Capitán D. Iuan de Vera, Cónsules.* (Con licencia, en México: por la Viuda de Bernardo Calderón, en la Calle de San Agustín, 1673). Cf. MAN, núm. 14.

85. *1675.* MENDOZA, Juan de, O.F.M., *Sermón, qve En el día de la Aparición de la Imagen Santa de Gvadalvpe, doze de Diziembre del Año de 1672 Predicó E. P. Fr. Ioan de Mendoza Commisario Visitador de la Orden Tercera de Penitencia en el Convento de N. Padre S. Francisco de México.* Dedícase A. N. Rmo. P. Fr. Francisco Treviño, Predicador Theólogo, Secretario General de lenguas, Padre de la Sancta Provincia de Burgos y Commisario general de todas las de Nueva España. (Un grabado; con licencia: En México por Francisco Rodríguez Lupercio, 1673). Cf. MAN, núm. 15.

86. *1675.* BECERRA TANCO, Luis, pbro., *Felicidad de México* (México, 1675). Primera edición: núm. 79. Cf. MAN, núm. 16.

87. *1676.* LÓPEZ AVILÉS, José, *Descripción en verso de la calzada que va de México al Santuario de Guadalupe.* Versión castellana del (Spanish translation of) núm. 82.

88. *1679.* DELGADO Y BUENROSTRO, Antonio, *Acción de gracias a Nuestra Señora la Virgen María concebida en gracia. Trasuntada en su florida milagrosa imagen de Guadalupe; aparecida en la imperial corte, y ciudad de México. Por el feliz viaje, que hizo de la Nueva España a la Isla de Cuba, el*

ilustríssimo señor doctor D. García de Palacios, obispo suyo, y de la Havana, en cuya iglesia mayor se celebró. Y predicó . . . (Sevilla, Thomas López de Haro, 1679). 24 pp.

89. *1680.* RIOFRÍO, Bernardo, pbro., *Centonicvm virgilianvm monumentvm mirabilis apparitionis Pvrissimae Virginis MARIAE de Gvadalvpe extramvros civitatis Mexicanae: avthore Licto, D. Bernardo de Riofrío Michoacanensis Ecclesiae Canonico Doctorali: ad Illustrissimum, Reverendissimum Principem, M.D. Fr. Payvm de Ribera Enríqvez, Archiepiscopatus Mexicani Antistitem, Novique Indiarum Orbis Proregem nunc Conchensis + Ecclesiae Praesulem disignatum* (Mexico, apud Viduam Bernandi Calderón, 1680). Cf. MAN, núm. 18.

90. *1680.* SIGÜENZA Y GÓNGORA, Carlos de, pbro., *Glorias de Querétaro en la nueva congregación eclesiástica de María Santíssima de Guadalupe, con que se ilustra: y en el sumptuoso templo* . . . , Escrívelas D. Carlos de Sigüenza y Góngora . . . , (En México, por la viuda de B. Calderón, 1680). Cf. MAN, núm. 19.

91. *1681?* FUENLABRADA, Nicolás de, *Oración evangélica, y panegýrica relación, de las glorias, y maravillas grandes de la soberana reyna de los ángeles María Santísima Señora N. en su milagrosíssima imagen del español Gvadalvpe, en la Estremadura. Predicóse, en la fiesta, que consagró a la magestad de tan augusta princesa* . . . *el día 12 de enero de este año de 1681* . . . , (México, Vda. de Bernardo Calderón, 1681?). 16 h.

92. *1681.* ITA, Alonso de, y MAYORAL DE FLORES, Miguel, *Defensa jurídica, por la jvrisdicción de los Señores Arçobispos de esta Diócesis Mexicana + en + lo tocante a SVS VICARIOS de el Santuario, y Hermita de Nuestra Señora de + Gvadalvpe+ sobre la administración de los Santos Sacramentos a los fieles vezinos, y moradores de él, cuya immemorial possessión se pretende inquietar por el Docor. y Mo. D. Juan Bernárdez de Ribera, y Carrillo, digníssimo Cura de la Parroquial de Santa Cathalina Mártyr de esta Ciudad,* Grabado, con licencia. (En México: por la viuda de Bernardo Calderón, 1681). 13 ff. Cf. MAN, núm. 20.

92a. *1681.* KINO, Eusebio Francisco, S.J., *Exposición astronómica de el cometa que el año de 1680, por los meses de noviembre y diciembre y este de 1681, por los meses de enero y febrero, se ha visto en todo el mundo, y le ha observado en la ciudad de Cádiz el P.—* (México, 1681). La portada contiene el primer grabado de Nuestra Señora de Guadalupe, que es también el primer grabado hecho en el Nuevo Mundo. (The frontispiece contains the first engraving of Our Lady of Guadalupe, which is also the first engraving made in the New World.) La portada la publicó de nuevo (the frontispiece was reproduced by) Ernest J. Burrus, S.J., *Kino and the Cartography of Northwestern New Spain* (Tucson, 1965), pp. 20–21.

93. *1681*. NICOSELLI, Anastasio, *Relatione Istorica della Mirabile Apparitione della Vergine Santissima Madre di Dio Sotto Titolo di Nostra Signora di Gvadalvpe accadvta nel Messico L'Anno 1531. E tradotta dal Latino in Volgare per um-versale edificatione delli Devoti dell'istessa Santissima Vergine da Anastagio Nicoselli. Dedicata al Reuerendiss. Padre F. Raimondo Capisvcchi, Maestro del Sacro Palazzo.* (In Roma, 1681). 102 pp. y una lámina. Cf. MAN, núm. 21; *infra*, núm. 242, la versión castellana.

94. *1682*. ROBLES, Juan de, S.J., *Sermón qve predicó el P. Ivan de Robles, Theólogo de la Compañía de JESÚS en la Ciudad de Santiago de Querétaro, su patria, al día doze de Diziembre de 1681. En la iglesia de N. Señora de Gvadalvpe, a la annval memoria de la milagrosa Aparición de su prodigiosa Imagen, que se venera en el Serro de Guadalupe–Mexicano, y celebra aquí en su trassumpto la Illustríssima Congregación de Sacerdotes, que se honran con su título, y militan con su amparo. Dedícalo al Br. D. Ivan Cavallero y Ocio, su Fundador, Comissario de Corte del Santo Tribunal de la Inquisición.* (Con licencia en México Por Juan de Ribera, Mercader de Libros en el Empedradillo, 1682). Cf. MAN, núm. 22.

95. *1683*. LUIS DE SANTA TERESA, C.D., *Sermón qve predicó El R.P. Fr. Lvis de Santa Theresa, Religioso Carmelita Descalço En la civdad de Santiago de Querétaro, el día 12 de Diziembre de 1682. En el templo de N. Sra. de Gvadalvpe a la milagrosa Aparición de su sacratíssima, y prodigiosa Imagen. Dedícalo Su Venerable Congregación de Sacerdotes Al Illustrísimo y Reverendíssimo Señor Doctor D. FRANCISCO DE AGVIAR Y SEIXAS, del Consejo de su Magestad, Arçobispo de México, como a su meritíssimo y Digníssimo Prefecto.* (Con licencia de los Svperiores. En México: Por Juan de Ribera, Impresor y Mercader de Libros en el Empedradillo, 1683).

96. *1683*. OLIVARES, José de, *Oración panegýrica, qve a la festiva solemnidad de la nueva capilla, que se consagró a N. Señora de Gvadalvpe. . . .* (México, Vda. de Bernardo Calderón, 1683). 11 h., ilus.

97. *1683*. SIGÜENZA Y GÓNGORA, Carlos de, *Primavera Indiana . . .* (México, 1683). Primera edición: 1668; cf. *supra*, núm. 81; MAN, núm. 24.

98. *1684*. HERRERA, José de, *Sermón funeral . . .* (México, Juan de Ribera, 1684), 12 h. Primera edición: 1673; cf. *supra*, núm. 84.

99. *1685*. BECERRA TANCO, Luis, *Felicidad de México . . .* (Sevilla, 1685). Primera edición: 1666 (otro título); cf. *supra*, núm. 79; MAN, núm. 25.

100. *1685*. BENÍTEZ, Lorenzo, *Sermón panegyrico que en la solemne fiesta con que celebra la Aparición de N. Señora de Gvadalvpe de México, su Illustre Archi-Cofradía, cita en el Convento de N.P. San Francisco de México: Predicó El P. Fr. Lorenço Benítez Maestro de Estudiantes de Theología en dicho Convento, el día doze de Diziembre de el año passado de 1684. En octava de la Immaculada Concepción, que su Religión solemnizó con ocho Sermones. Conságralo a D. Antonio Morales Pastrana, Official que ha sido de el juzgado de Medianata Aduana, Tribunal de Qüentas, Contaduría de Real Hazienda, Agente Fiscal, y actual Official mayor de el Govierno del Excelentíssimo Señor Virrey de esta Nueva España.* Con licencia. (En México: Por la viuda de Francisco Rodríguez Lupercio, 1685). Cf. MAN, núm. 26.

101. *1686*. NAVARRO DE SAN ANTONIO, Bartolomé, O.P., *Sermón qve en la festividad, este año de 85 transferida, de la aparición de Nvestra Señora de Gvadalupe, predicó en iueves infraoctavo de la Puríssima Concepción en el Convento observantíssimo de señoras religiosas de Sancta Theresa de la Puebla de los Angeles. . . .* (Puebla, Diego Fernández de León, 1686). 16 h. ilus.; cf. MAN, núm. 27.

102. *1687*. MANUEL DE SAN JOSÉ, C.D., *Florido aromático panegyris qve En el día de la milagrosa Aparición de Nuestra Señora de Guadalupe patente el Santíssimo Sacramento + Oró + El R.P. Fr. Manuel de S. Joseph, Carmelita, Lector, que fue de Sagrada Escritura y de Theología Mýstica, en su Colegio de S. Angel, A expensas de la devoción de el Bachiller Don Juan de Cepeda, Presbýtero. Y saca a lvz Thomás Fernández de Guevara.* (Con licencia de los Superiores, En México: por Doña María de Benavides, Viuda de Juan de Ribera, En el Empedradillo, 1687). 11 h.; cf. MAN, núm. 28.

103. *1688*. FLORENCIA, Francisco de, S.J., *La estrella de el Norte de México aparecida al rayar el día de la luz Evangélica en este Nuevo Mundo, en la cumbre de el cerro de Tepeyácac orilla del mar Tezcucano, a vn natural recién convertido; pintada tres días después milagrosamente en su tilma o capa de lienço, delante del Obispo, y de su familia en su casa Obispal: Para luz en la Fé a los Indios; para rumbo cierto a los Españoles en la virtud; para serenidad de las tempetuosas inundaciones de la laguna. En la Historia de la milagrosa imagen de N. Señora de GUADALUPE de México, que se apareció en la manta de Juan Diego.* Compúsola El P. Francisco de Florencia de la Compañía de Jesús. Dedícala Al Ilustríssimo y Reverendíssimo Señor D. Francisco de Agviar y Seixas, Arçobispo de México, el Br. D. Ge-

rónimo de Valladolid, Mayordomo de el Santuario. Con las Novenas proprias de la Aparición de la Santa Imagen. Con licencia de los superiores. (En México: por Doña María de Benavides, Viuda de Juan Ribera, En el Empedradillo, 1688). 241 pp., ilus.; cf. MAN, núm. 29.

104. *1689*. SIGÜENZA Y GÓNGORA, Carlos de, pbro., *Piedad heroica de D. Fernando Cortés,* marqués del Valle (México, 1689). Prueba que el verdadero autor del *Nican Mopohua* era Antonio Valeriano; cf. BBB, 4–5, 34.

105. *1690*. MANSO, Pedro, O.P., *Sermón Panegýrico, qve en la celebridad de la dedicación del templo nuevo de San Bernardo, títvlo María de Gvadalvpe; día segundo de la octaua, qve cupo a la esclarecida familia de los predicadores, dixo el reverendo padre lector fray Pedro Manso. . . .* (México, Viuda de F. Rodríguez Lupercio, 1690). 2 p. 1.

106. *1697*. MORALES PASTRANA, Antonio, *Canción real histórica de la milagrosa Imagen de Nuestra Señora de Guadalupe de México.* (Imp. en México por Carrascoso, 1697). Cf. MAN, núm. 30.

Impresos del siglo XVIII

XVIIIth Century Imprints

107. *1700.* LOBATTO, Juan Antonio, O. de la M., *El phénix de las Indias, único por inmaculado floreciendo en vna tilma de palma; María en sv concepción pvríssima aparecida en Gvadalvpe; trasuntada en Thamar, y aplaudida de Judas Phares y Zarán con emblemas, empresas, o hieroglíficos. Sermón que en la plausible fiesta de la Concepción predicó.* . . . (México, Imp. María de Benavides, Vda. de Iuam de Ribera, 1700). 16 p. ilus.; cf. MAN, núm. 31.

108. *1700. Idem (same author), Manifestando su amor a María Santísima de Guadalupe en los días de su novena a cada uno de ellos les dedicó un soneto.* (México, 1700), 1 p., 1., 9 p.

109. *1701.* JUAN DE SAN JOSÉ, Oratoriano, *Sagrado retrato e idea Panegírica de la Soberana Imagen de María SS. de Guadalupe de México. En la fiesta que annual la Congregación Venerable de S. Phelipe Neri le consagra, en la Iglesia Parrochial de la Villa de Llerena y Real de Sombrerete, como a su Patrona. Qve predicó el M.R.P. Fr. Juan de S. Joseph, Lector de Theología en la Cáthedra de Prima, y superior del Convento de dicha Villa. Y dedica a la ilustríssima y venerabilíssima Congregación de Señores Sacerdotes, y Prepósito que ha sido, y es el Br. D. Sebastián de Morga, Theniente de Cura y Notario del Santo Officio de la Inquisición de aquel partido.* (México, Imp. Juan Joseph Guillena Carrascoso, 1701). Cf. MAN, núm. 32.

110. *1701. Sumario de las Indulgencias, concedidas por N.M.S. Padre Clemente Papa X, de felice recordación, a la Cofradía del título de Nuestra Señora + de Guadalupe + Fundada canónicamente en su Santuario extramuros de esta Ciudad de México, por su Breve expedido en Roma en siete de Enero del año de mil seiscientos y setenta y cinco, quinto de su Pontificado.* (México, Imp. Miguel de Rivera Calderón, 1706). Un grab.; cf. MAN, núm. 33.

111. *1707.* FUENTES Y CARRIÓN, Francisco, *Sermón de la Assumpción de Nuestra Señora, en su proprio día. Predicado en Guadalupe, con la circunstancia de su milagrosa Apparición patente el SSmo. Sacramento, por haber concurrido en el último día de el Jubileo Circular nuevamente concedido a esta muy noble ciudad y corte de México; y su primera vez en Guadalupe celebrado* . . . Dálo a la estampa Augustín de Eguía . . . (México, Imp. Francisco de Rivera Calderón, 1707). 20 h.

112. *1709.* GOYCOECHEA, Juan de, S.J., *La Maravilla Immarcesible, y milagro continuado de María Santísima Señora Nuestra en su Prodigiosa Imagen de Gvadalvpe de México. Compite firmezas con su nuevo Templo, que la copia: adelante duraciones al Cielo qve a su Efigie traslada: iguala perma-*

nencias con el Augusto Sacramento, de quien imita la Milagrosa Presencia en su Pintura. Sermón en el día octavo del Novenario a la dedicación de su Magnífico Templo con el Mysterio de la Pvrificación y día de la aparición de S. Miguel, celebró la Fiesta y solemnizó el día la Exa. Señora, Doña Juana de la Cerda y Aragón, Dvqueza de Albuquerque y Reyna de esta Nueva España con la Religión de la Sagrada Compañía de Jesús. Predicólo el R.P. Iuan de Goycoechea. Professo de la misma Compañía, sácalo a luz y lo consagra a la misma Exa. Sra. Dvqueza y Reyna, el Señor D. Ivan Díez de Bracamont del Consejo de su Magestad, su Oydor en esta Real Audiencia, y Juez Superintendente de la Ciudad de México. (México, Imprenta de los Herederos de Iuan Joseph Guillena Carrascoso, 1709). 29 p.; cf. MAN, núm. 34.

113. *1709.* Guerra, José, O.F.M., *Panegírico de Nuestra Señora de Guadalupe* (México, 1709). Cf. MAN, núm. 35.

114. *1709. Idem (same author), Sermón de Nuestra Señora de Guadalupe, que en el día de Sv aparición en su Collegio de missioneros de la ciudad de Zacatecas predicó el p. fr. Joseph Guerra . . . predicador apostólico y fundador de dicho collegio . . .* (México, Francisco de Ribera Calderón, 1709), 8 p. l., 9 h.

115. *1710.* Goycoechea, Juan de, S.J., *La rossa por la rossa María SSma. de Guadalupe Substituida a María Señora del Rosario en el Naval Triumpho de la Argos China conseguido por su Jasson el General D. Fernando de Angulo, de tres fragatas de guerra inglesas en el Mar Pacífico.* Sermón que predicó el Padre Juan de Goycoechea, Professo de la Compañía de Jesús, primero día del novenario, que en acción de Gracias de su Victoria le celebró en su Magnífico Templo y Santuario de México A cuyas aras lo consagra y saca a luz, para extender la noticia y perpetuar la memoria del Beneficio recibido de la Gran Señora. (Con licencia de México. Por Francisco de Ribera Calderón, 1710). 9 h.; cf. MAN, núm. 36.

116. *1710.* Pérez, Manuel, O.S.A., *Sermón qve en la festividad de Santa Rita y Santa Quiteria el día 22 de mayo de este año de 1710, predicó en la Iglesia de n.p. san Augustín de México el p. fr. Manvel Pérez, religioso de la misma orden . . .* (México, Imprenta nueva platiniana de D. Fernández de León, 1710). 9 pp.

117. *1711.* Argüello, Manuel de, O.F.M., *Acción de gracias a la Soberana Reyna del Cielo María SS. de Gvadalvpe en su magnífico Templo, con que solemnizó el Real Acuerdo de esta Corte, en virtud de real Orden, las Victorias que consiguió personalmente la Magestad del Rey Señor Don Philippo V. (que*

Dios guarde), en Viruega y Villaviciosa los días 8 y 11 de Diziembre del año de 1710. Sácalas a luz, y las dedica a su Real Magestad Cathólica por mano Del Exmo. Sr. D. Fernando Alencastre, Noroña y Silva, Duque de Linares, Virrey, Gobernador y Capitán General de esta Nueva España, y presidente de la Real Audiencia &c. El Doctor D. Juan Díez de Bracamonte del Consejo de su Magestad, su Oidor en dicha Real Audiencia . . . , Predicóla E. M.R.P. Fr. Manvel de Argüello de la Regular Observancia, Lector Iubilado . . . (México, Imp. Viuda de Miguel de Rivera, 1711). Cf. MAN, núm. 37.

118. *1712.* AYALA, Antonio, O.S.A., *Deprecación qve por los temblores de tierra, fuego y enfermedades, a la Sagrada Imagen de Nuestra Señora la Virgen María con el título de Guadalupe, en nombre de la santíssima Providencia de el Santíssimo Nombre de Jesús de el Orden de nuestro padre san Augustín hizo el p. fr. Antonio de Ayala . . . el día 20 de diziembre de 1711, en el imperial Convento de n. padre San Augustín de esta ciudad de México . . .* (México, Francisco de Rivera Calderón, 1712) 10 p.; cf. MAN, núm. 38.

119. *1720.* SEGURA, Juan Antonio, O. de la M., *Milagro de la pintura y belleza de Milagro,* Sermón panegýrico Que en el día de la Milagrosa Aparición de la Imagen de Guadalupe, Predicó el R.P. Fr. Ivan Antonio de Segura, Comendador del Convento Grande de Nuestra Señora de la Merced . . . , Fiesta de la muy Illustre, Noble y Devota Archi-Cofradía de la Puríssima Concepción y el Santíssimo Sacramento . . . (México, Herederos de la Viuda de Miguel de Rivera, 1720). Cf. MAN, núm. 39.

120. *1721.* SAN ANTONIO, Matías de, O.F.M., *Sermón predicado en la solemne dedicación del nuevo templo de Nuestra Señora de Guadalupe de Zacatecas.* (Imp. en México, 1721). Cf. MAN, núm. 40.

121. *1721.* SÁENZ DE SAN ANTONIO, Matías, *Conveniencia relativa entre el término de un templo apostólico, sujeto, que se dedica, y la imagen de Gvadalvpe, predicado, que se coloca.* Proposición que predicó . . . (México, Francisco de Rivera Calderón, 1721). 29 p. ilus. Este y el autor anterior (núm. 121) parecen ser la misma persona. (This and the preceding author seem to be the same person.) Hay un ejemplar de esta obra en (there is a copy of this work in): Library of Congress (Washington, D.C.).

122. *1726.* MALDONADO, Angel, *Oración evangélica, que predicó . . . en el día que se dedicó el Templo de Nuestra Señora de Guadalupe, en el Convento de*

Bethlehemitas de esta ciudad de Antequera, día 12 de diziembre de 1725. (México, Joseph Bernardo de Hogal, 1726). 14 p.

123. *1727.* GUERRA, José, O.F.M., *Fecunda nube del cielo guadalupano y mýstica paloma del estrecho palomar de el Colegio apostólico de Nuestra Señora de Guadalupe,* Relación breve de la vida exemplar del v.p.f. Antonio Margil de Jesús . . . Sermón, que predicó en la Iglesia de San Francisco de la ciudad de Zacatecas . . . , en las honras que celebró . . . el dicho Colegio apostólico el día 25 de septiembre de 1726 . . . (México, Imp. J.B. de Hogal, 1727). 10 p. l., 56 p.

124. *1729.* CASTRO, Francisco, S.J., *La octava maravilla y sin segundo milagro de México, perpetuado en las rosas de Guadalupe, y escrito Heroycamente en octavas Por el P. Francisco de Castro;* Adjunta a las Espinas de la Passión del Hombre Dios, Discurridas en el mismo metro por el P. Juan Carnero, Professos ambos de la Compañía de Jesús. Conságralas el niño Dios, por mano de su Floridíssima Madre María Santíssima de Guadalupe, El H. Pelayo Vidal, de la misma Compañía. (México, Imprenta Real del Superior Govierno, de los Herederos de la Viuda de Miguel de Rivera Calderón, 1729). Cf. MAN, núm. 41.

125. *1729.* JOSÉ DE SAN CAYETANO, *Historia del asombro de estos Reinos, veneración del Orbe cristiano y refugio universal de afligidos, la Santísima Virgen María de Guadalupe;* en verso castellano. (Imp. en México por Hogal, 1729). Cf. MAN, núm. 42.

126. *1732.* AROCHE, Miguel, *Flor de la edad de la milagrossísima imagen de María Santíssima en su concepción en gracia,* Sermón que a la celebridad de los dos siglos de su aparición en Guadalupe, predicó . . . (México, Joseph Bernardo de Hogal, 1732), 15 p. ilus.

127. *1732.* ITA Y PARRA, Bartolomé Felipe de, pbro., *La Imagen de Guadalupe, Señora de los tiempos,* sermón panegýrico que predicó . . . , al cumplimiento de los dos siglos de su Aparición milagrosa, el día 12 de diziembre de 1731, . . . (México, Vda. de Miguel de Rivera, 1732), 10 h. 22 p.; cf. MAN, núm. 43.

128. *1733.* BORRUEL, Cosme, O.F.M., *La Imagen más clara de lo más oculto de María,* Sermón que en el día de Nuestra Señora de Guadalupe, en su Colegio Apostólico de Zacatecas, año de 1732, predicó el Padre Fray Cosme Borruel, Predicador Apostólico y Lector de Theología de dicho Colegio en cuya festividad ocupó dignamente el Altar el muy Rev. P. Fray Diego de Alcorta . . . , Dálo a luz Don Pedro Joseph Bernárdez

Sýndico General Apostólico de el Colegio de Nuestra Señora de Guadalupe y lo consagra el Rev. Padre Fray Fernando Alonso González, Lector Jubilado . . . (México, Imp. Joseph Bernardo de Hogal, Ministro, e Impresor del Real y Apostólico Tribunal de la Santa Cruzada en toda esta Nueva-España, 1733). 18 p.; cf. MAN, núm. 44.

129. *1734.* VILLASÁNCHEZ, Juan, O.P., *Sermón de la Milagrosa Imagen de N. S. de Guadalupe de México,* En la festividad que le celebran sus devotos, el día del Proto-Mártyr San Esteban, segundo de la Pascua del Sagrado Nacimiento del Señor, en la Iglesia del Hospital del Amor de Dios de la misma Ciudad. Dedicado al Glorioso Padre y Patriarcha de los Predicadores, Santo Domingo de Guzmán. Predicábalo El M. R.P.M. Fr. Ivan de Villa, su menor hijo, de la Provincia de San Miguel, y Santos Angeles de la Puebla, el año de 1733. (México, Imprenta Real del Superior Governo de Doña María de Rivera, 1734). 4 h., 30 p.; cf. MAN, núm. 45.

130. *1737.* MONTAÑO, Tomás, Ilmo., *Oración evangélica en la solemnidad del nuevo Juramento que hizo México en su Iglesia Metropolitana del Patronato de Nuestra Señora de Guadalupe.* (Imp. en México, 1737). Cf. MAN, núm. 46.

131. *1737.* SALVATIERRA Y GARNICA, Bernardino de, *Jvra del Patronato de Nuestra Señora de Guadalupe de México.* (México, Imp. Real del Superior Gob. y del Nuevo Rezado de doña María de Rivera, 1737). 4 p. ilus.

132. *1737. Idem (same author)*, *Métrica historia de la milagrosa aparición de Nuestra Señora de Guadalupe de México,* Compuesta por el Br. D. Bernardino de Salvatierra y Garnica, Originario de esta dicha Ciudad, Reimpreso en México, Imprenta de los Herederos de Doña María de Rivera, 1737, 4 h.; cf. MAN, núm. 47.

133. *1737.* SCHERER, Heinrich, S.J., *Geographia Mariana* (parte de *Atlas Novus*). Hubo varias ediciones (Augsburg, Dillingen, Frankfurt) desde 1703 hasta 1737. (There have been several editions (*l.c.*) from 1703 till 1737.) La obra reproduce un dibujo de la Virgen Guadalupana Mexicana y señala un pueblo de Nuestra Señora de Guadalupe en un mapa del P. Kino. (The work reproduces a Virgin of Guadalupe and indicates the town of N. Sra. of Guadalupe on a 1683 Kino map.)

134. *1738.* ARLEGUI, José, O.F.M., *Panegýrico Florido que en la solemne Jura que hizo la Nobilíssima Ciudad de San Luis Potosí con su Commercio, Minería, de Patrona General contra la epidemia a María Santíssima en su prodi-*

giosa aparecida Imagen de Guadalupe, Predicó el R. P. Fr. Joseph Arlégui, Lector Jubilado . . . y Chronista de la Provincia de N.S.P.S. Francisco y Guardián del Convento de Santa María del Río, el día 30 de Octubre de 1737 años, Quien lo dedica a N. Rmo. P. Fr. Pedro de Navarrete, Predicador general Jubilado, Calificador del Santo Officio . . . y Comisario general de todas las Provincias de Nueva-España e Islas Philipinas. (México, Imp. Joseph Bernardo de Hogal, 1738). 24 p., 2 ilus.; cf. MAN, núm. 48.

135. *1738.* PICAZO, Miguel, O. de la M., *Imagen humana y divina de la puríssima Concepción,* Sermón panegýrico, que en la annual fiesta de la Concepción de María Ss. Nuestra Señora, con el título de Guadalupe, celebra su ilustre Archi-cofradía fundada con authoridad apostólica en el Convento de México, del real y militar Orden de Nuestra Señora de la Merced redempción de cautivos. Díxolo el r.p. . . . (México, Impr. Real del Superior gobierno, y del nuevo rezado de María de Rivera, 1738). 11 p. 1., 16 p.; cf. MAN, núm. 49.

136. *1738.* ZETINA, Juan Pablo, *Disertación litúrgica sobre si el día 12 de diziembre se debe rezar en las iglesias de la Nueva España el Oficio propio de Nuestra Señora de Guadalupe con rito de primera clase y Octava por estar jurada Patrona.* (Imp. en la Puebla, 1738). Cf. MAN, núm. 50.

137. *1739.* ANGUITA, Juan Ubaldo, pbro., *La imagen milagrosa de la vida, a quien entre sombras le hace lejos las tinieblas de la muerte,* Sermón panegýrico, que en el solemne juramento que hizo de Patrona contra las pestes a María Señora nuestra de Guadalupe en el día de su Patrocinio, la Santa Iglesia Cathedral de Valladolid, Predicó el Dr. y Mro. D. Juan Ubaldo de Anguita Sandobal y Roxas, Cathedrático, que fue de Artes en el Real y Pontificio Seminario de la Santa Iglesia Cathedral Metropolitana de México . . . , Quien lo dedica al Sr. D. Joseph de Sardeneta y Legaspi, Alguacil mayor del Santo Oficio en la Villa Real y Minas de Guanajuato, y su Réxidor, Sácalo a luz El Br. D. Joseph Eugenio Ponce de León, Cura Beneficiado por S.M. Vicario "in capite", Juez Eclesiástico y Comissario del Santo Officio de la Ciudad de Pátsquaro, discípulo del Autor. (México, Imp. Joseph Bernardo de Hogal, Ministro e Impresor del Rl. Tribunal de la Santa Cruzada en toda esta Nueva España, 1739). 27 p.; cf. MAN, núm. 51.

138. *1739.* ITA Y PARRA, Bartolomé Felipe de, pbro, *La Madre de la Salud, la milagrosa Imagen de Guadalupe.* [s.p.i.], 1739.

139. *1740.* RIVERA GUZMÁN, Teobaldo, *Relación y estado del culto, lustre, progresos y utilidad de la Congregación de Nuestra Señora de Guadalupe de*

México, fundada en Madrid en la Iglesia de San Felipe el Real. (Imp. en México, 1740). Cf. MAN, núm. 52.

140. *1741.* CABRERA Y QUINTERO, Cayetano de, *El patronato disputado,* dissertación apologética, por el voto, elección y juramento de patrona a María Santíssima, venerada en su imagen de Guadalupe de México, e invalidado para negarle el rezo del común, que a título de Patrona electa, y jurada, según el decreto de la Sagrada Congregación de Ritos, se le ha dado en esta Metrópoli por el Br. D. Jvan Pablo Zetina Infante. En el singularíssimo dictámen y parecer, que sin pedírselo dió en aquélla y quiso extender a esta Ciudad, a corregir el que le pareció arrojo de esta Metropolitana. (México, Imp. Real del Superior Gobierno y del Nuevo Rezado de doña María de Rivera, 1741). 8, 106 p.; cf. MAN, núm. 53.

141. *1741.* FLORENCIA, Francisco de, S.J., *La estrella* . . . (México, imp. de A. Velázquez, 1741). Primera edición; 1688; cf. *supra,* núm. 103; MAN, núm. 54.

142. *1742.* FARÍAS, Manuel Ignacio, *Eclypse del divino sol, causado por la interposición de la Inmaculada Luna María Sra. nuestra venerada en su sagrada imagen de Guadalupe, para librar de contagiosas pestes y asegurar la salud a la ciudad de Valladolid,* Sermón, que en el Santuario de N. S. de Guadalupe, extramuros de dicha ciudad, en su día doze de diciembre del año de mil setecientos quarenta y uno predicó el r. p. fr. Manvel Ignacio Farías . . . (México, María de Rivera, impressora del Superior gobierno y del nuevo rezado, 1742). 10 p. 1., 16 p., 1 ilus.; titulo abreviado en MAN, núm. 54.

143. *1742.* SEGURA, Nicolás de, S.J., *Plática de la milagrosa imagen de Nuestra Señora de Guadalupe de México,* Sacada del tomo nono de los sermones de el p. Nicolás de Segura, de la Compañía de Jesús . . . , (México, Imp. Viuda de J. B. de Hogal, impressora del Real y Apostólico Tribunal de la Santa Cruzada, 1742). 1 p. 1., 25 p.

144. *1743.* ARLEGUI, José, O.F.M., *Sagrado Paladión del Americano Orbe:* Sermón que en la Rogativa pública que hizo a María Sma. de Guadalupe, La muy Noble e Ilustre, Ciudad de San Luis Potosí por el feliz sucesso de las Cathólicas Armas de Nuestro Cathólico Monarca el señor D. Phelippe V (que Dios guarde) contra la Armada Inglessa: Predicó el R. P. Fr. Joseph Arlegui, Calificador, y Comissario del Santo Officio, Examinador Synodal de los Obispados de Michoacán y Durango, Padre Ex-Ministro Provincial más antiguo y Chronista de la

Santa Provincia de Zacatecas; Quien lo dedica a Nro. Rmo. P. Fr. Juan de Torre, Lector Jubilado, Theólogo de S. M. en la Real Junta de la Inmaculada Concepción . . . (México, Imp. Viuda de D. Joseph Bernardo de Hogal, Impressora del Real y Apostólico Tribunal de la Santa Cruzada en todo este Reyno, 1743). 21 p., un grab.

145. *1743*. Fernández de Palos, José, pbro., *Triumpho Obsidional que implora y se anuncia, La Real Audiencia Gobernadora de este Reyno de la Nueva España, Por medio de la Virgen María N. Señora en su portentosa Imagen de Guadalupe,* Sermón, que el día 24 de Abril de este año de 1742, último de la Novena, que le celebró en su magnífico Templo a sus expensas la misma Real Audiencia, con assistencia de sus Tribunales, y Nobilíssima Ciudad. Predicó el Dr. D. Joseph Fernández de Palos, Colegial y Cathedrático, que fue de Philosophía en el Pontificio y Real Colegio Seminario de esta Santa Iglesia Metropolitana . . . (México, Imprenta Real del Superior Gobierno y del Nuevo Rezado de Doña María de Rivera, 1743). 10 h. p., 12 p.; cf. MAN, núm. 57.

146. *1743*. San José, Francisco de, *Historia universal de la primitiva y milagrosa Imagen de Nra. Señora de Guadalupe, fundación y grandezas de su santa casa y algunos de los milagros que ha hecho en este presente siglo,* Refiérense las historias de las plausibles imágenes de Nuestra Señora de Guadalupe de México; la del valle de Pacasmayo en el Perú; la de la Ciudad de la Plata, patrona de la Santa Iglesia Metropolitana de este arzobispado, y de toda la Audiencia de los Charcas; la de la imperial villa de Potosí; y se toca la milagrossísima imagen de la ciudad del Cuzco. Hácese memoria de otras muchas imágenes, que tiene este antiquíssimo prothotypo repartidas por la christiandad con la gracia de milagrosas. Añádese la antigua, y celebérrima del Papa San Gregorio, primero de este nombre, como verdadera copia suya, que se venera en la Lechia, provincia del Gran Ducado de Lithuania, del reyno de Polonia. Pónese antes un tratado de varones ilustres de esta santa casa. (Madrid, Edit. Antonio Marín, 1743). 332 p. Esta obra, aunque impresa en Madrid, sí trata de la Virgen Guadalupana Mexicana, como lo pude comprobar consultando la edición original. (This work, although printed in Madrid, deals with the Mexican Virgin, as I learned on consulting the original edition in the Library of Congress.)

147. *1743. Idem (same author), Tratado de Varones Ilustres de la Santa y Real Casa de Nuestra Señora de Guadalupe y dedica su obra a la Sagrada e Ilustre Comunidad de dicha Casa.* (Madrid, Antonio Marín, 1743). 332 p.

148. *1744*. Anguita Sandoval y Roxas, Juan Ubaldo de, pbro., *El molde y sello de los milagros de María señora nuestra en su milagrosa aparición de*

Guadalupe, Sermón panegýrico que en los cultos con que la celebró la
devoción de don Juan Joseph de Escalona . . . predicó el dr. y mro. d.
Juan Ubaldo de Anguita Sandoval y Roxas . . . (México, Imp. real del
Superior govierno y del nuevo rezado de María de Rivera, 1744). 9 p.
Apellido y título abreviados en MAN, núm. 58.

149. *1744.* ITA Y PARRA, Bartolomé Felipe de, pbro., *La Imagen de Guadalupe, Imagen del Patrocinio;* Sermón Panegýrico que predicó el día de
su Apparición, en que se celebra como Patrona, 12 de Diciembre Año
de 1743, el Dr. y Mro. D. Bartholomé Phelipe de Yta y Parra, Calificador del Santo Officio . . . , Dálo a luz y lo dedica a María Santíssima
en su prodigiosa Imagen de Guadalupe el Br. D. Joseph de Lizardi y
Valle, Presbýtero, Mayordomo, Administrador de los Proprios Rentas y
Limosnas de su Santuario. (México, Imp. Viuda de D. Joseph Bernardo
de Hogal, Impressora del Real y Apostólico Tribunal de la Santa Cruzada, 1744). 1 v. ilus.; cf. MAN, núm. 59.

150. *1744.* MONTÚFAR, Juan José, pbro., *Girasol de prodigios y Flor de milagros, aparecida en Guadalupe para testimonio de la Concepción Inmaculada
de María.* (Imp. en México por Rivera, 1744). 346 p.; cf. MAN,
núm. 60.

151. *1744. Idem (same author), La maravilla de prodigios, y flor de los milagros, qve aparece en Gvadalvpe dando claro testimonio de concepción en gracia
y gloria de María nuestra señora, qve para más facilitar esta noticia, compendiada . . .* (México, Imp. Real y del Nuevo Rezado de doña María de
Rivera, 1744). 378 p. ilus. Acaso otra edición del número anterior.
(Probably another edition of the preceding item.)

152. *1745.* BECERRA TANCO, Luis, pbro., *Felicidad de México* (Madrid,
Imp. de Juan de Zúñiga, 1745). Primera edición: 1666; cf. *supra,* núm.
79; MAN, núm. 61.

153. *1745.* OSUNA, Joaquín, O.F.M., *El Iris Celeste de las católicas Españas,
la Aparición y Patrocinio de N. S. de Guadalupe, en las Indias Occidentales,*
predicado en su Santuario de Guanajuato el día 12 de diciembre de
1744, por el R. P. Fr . . . , natural de México, hijo de la Santa Provincia
de S. Diego de Religiosos Descalzos de N.S.P.S. Francisco en la Nueva
España, Predicador primero y Comissario Visitador de la Seráphica Orden Tercera de Penitencia, sita en el Convento de San Pedro de Alcántara de la Villa de S. Fé, Real y Minas de Guanajuato. Dálo a las pren-
sas D. Augustín Joseph Rodríguez de la Rosa, Natural de México,
Secretario del Rey N. S., Contador del Real Tribunal y Audiencia de

Cuentas de esta Nueva-España . . . , quien lo dedica al Sereníssimo Señor D. Fernando de Borbón, Príncipe de Asturias. (México, Imp. Francisco Xavier Sánchez, 1745). 31 p.; cf. MAN, núm. 62.

154. *1746*. CABRERA Y QUINTERO, Cayetano, pbro., *Escudo de armas de México* . . . (Impreso en México por la Vda. de D. Joseph Bernardo de Hogal, Impressora del Real y Apostólico Tribunal de la Santa Cruzada, en todo este Reyno, año de 1743). Primera edición: 1741; cf. *supra*, núm. 140; MAN, núm. 63.

154a. *1746*. BOTURINI BENADUCCI, Lorenzo, *Idea de una Historia General de la América Septentrional. Catálogo del museo histórico Indiano.* 2 vols. en 1 tomo, cada uno con su propia paginación (2 vols. in 1 tome, each with its own pagination). (Madrid, 1746).

155. *1747*. ITA Y PARRA, Bartolomé Felipe de, pbro., *El círculo del amor formado por la América Septentrional, jurando a María Santísima en su Imagen de Guadalupe, la Imagen del Patrocinio de todo su Reyno*, Sermón Panegýrico, que predicó en el día de su aparición, 12 de Diciembre de 1746, en que se celebró dicho juramento, El Dr. y Mro. D. Bartholomé Phelipe de Yta y Parra, Calificador del Santo Officio . . . , dálo a luz esta Nobilíssima Ciudad de México, quien lo dedica a la Augusta Magestad de Nuestro Rey y señor El Sr. D. Fernando VI, Rey de las Españas y Emperador de las Indias. (México, Imp. Viuda de D. Joseph de Hogal, 1747). 39 p.; cf. MAN, núm. 64.

156. *1747*. SALVATIERRA GARNICA, Bernardino, *El patronato de Ntra. Sra. de Guadalupe y el juramento de México*. ([s.p.i.], Rivera, 1747). Cf. MAN, núm. 65.

157. *1748*. GONZÁLEZ Y ZÚÑIGA, Ana María, *Florido ramo, que tributa en las fiestas de María Santíssima de Guadalupe, la imperial Corte mexicana* . . . , (México, Imp. del Nuevo Rezado, de doña María de Rivera, 1748). 6 p., finales; cf. MAN, núm. 66.

158. *1748*. PAREDES, Antonio, S.J., *La authéntica del Patronato que en nombre de todo el Reyno Votó la Cesárea Nobilíssima Ciudad de México, a la Santíssima Virgen María Señora Nuestra en su Imagen Maravillosa de Guadalupe*, Sermón, que en el día octavo de las Fiestas que en concurrencia de la Real Casa de Moneda celebró la Religión de la Sagrada Compañía de Jesús, patente el Augustíssimo Sacramento. Martes, 19 de diciembre de 1747. Dixo en su Santuario el R.P.M. Antonio de Paredes, Professo Theólogo de la Compañía de Jesús . . . , Sácalo a luz y lo dedica

a la mesma Soberana Sra. el Lic. D. Nicolás Roxano Mudarra, Cura Beneficiado por S.M. y Vicario Juez Eclesiástico antes de la Villa de Carrión y actual de la ciudad de Guexozingo. (México, en la Imprenta del Nuevo Rezado de Doña María de Rivera, 1748). Cf. MAN, núm. 67.

159. *1749*. ALARCÓN Y OCAÑA, Juan, pbro., *Memorial ajustado de los autos que girado sobre la erección de una iglesia colegiata en el Santuario de Ntra. Sra. de Guadalupe, extramuros de la ciudad de México.* (Madrid, [s.p.i.], 1749). Cf. MAN, núm. 69.

160. *1749*. CARRANZA, Francisco Javier, S.J., *La trasmigración de la Iglesia a Guadalupe,* Sermón que el día 12 de Diciembre de 1748 años Predicó en el templo de N. S. de Guadalupe de la Ciudad de Santiago de Querétaro, el P. Prefecto Francisco Javier Carranza, Professo de quarto voto de la Sagrada Compañía de Jesús. Dálo a luz D. Alonso Manuel Zorrilla y Caro, actual Prefecto de la Ilustre y Venerable Congregación de Señores Sacerdotes de Nra. Sra. de Guadalupe . . . Quien lo dedica a la Portentosa Imagen de Nra. Sra. de Guadalupe. (Impresso con licencia en el Colegio Real y más antiguo de S. Ildefonso de México, 1749). 14 h. p., 28 p.; cf. MAN, núm. 68.

161. *1749*. MONTÚFAR, Juan José, pbro., *La maravilla* . . . (México, María de Ribera, 1749). Primera edición: 1744; cf. *supra*, núm. 150; MAN, núm. 70.

162. *1750*. FLORES VALDÉS, Antonio, pbro., *Concepción celestial y Natividad mexicana de la prodigiosa Imagen de Nuestra Señora de Guadalupe de México.* (México, Imp. María de Rivera, 1750). Cf. MAN, núm. 71.

163. *1750*. LAZCANO, Francisco Javier, S.J., *Guadalupano Zodíaco para recibir de la escogida como el Sol María Sra. Ntra., los más propicios influxos,* Dispuesto Por el P. Dr. Francisco Xavier Lazcano, de la Compañía de Jesús, Cathedrático del Eximio Dr. Suárez en esta Real Universidad y Qualificador del Santo Officio, &c. A honor ínclyto de la misma Inmaculada Reyna María Señora Nuestra. En su Portentoso Simulacro de Guadalupe. (México, en la Imprenta del Nuevo Rezado de Doña María de Rivera, 1750). Cf. MAN, núm. 72.

164. *1751*. VILLEGAS, Antonio Claudio de, O.P., *La mayor gloria del máximo de los celestiales espíritus, del primero de los mayores príncipes, el Archiseraphín Sr. San Miguel, Declarada en su insigne Aparición en México a las Soberanas Plantas de María Nuestra Reyna, que se venera en Guadalupe,*

Sermón Panegýrico que el día 8 de mayo de 1751, predicó en la Iglesia de la Concepción de Nuestra Señora, conocida por el título de Jesús Nazareno en esta Ciudad de México, El M.R.P. Fr. Antonio Claudio de Villegas, Maestro en Sagrada Theología . . . , Sácalo a luz el Br. D. Juan Joseph Mariano Montúfar, Presbýtero de este Arzobispado. Quien lo dedica A la Soberana Emperatriz de Cielos y tierra María Santíssima Nuestra Señora en su Portentosa Imagen de Guadalupe su más indigno Esclavo. (Impresso en México por la Viuda de D. Joseph de Hogal, 1751). 22 p. Cf. MAN, núm. 73.

165. *1753.* Folgar, Antonio Manuel de, *Sermones panegýricos, predicados en la imperial ciudad de México, por el doctor don Antonio Manuel de Folgar Varela, y Amunarriz* . . . (Madrid, A. Marín, 1753). 12 p. 1., 119 p.

166. *1754.* López, Juan Francisco de, S.J., *Officium in festo B. M. Virginis de Guadalupe Mexicanae.* (Romae, typis Gen. Salomoni, 1754). 152 p. Cf. MAN, núm. 74.

167. *1754. Idem (same author), Supplex Libellus SS. Papae Benedicti XIV oblatus de miraculosa Dei Parentis Imagine Mexicanae Guadalupensi.* (Roma, [s.p.i.], 1954). Cf. MAN, núm. 75.

168. c. *1754. Idem (same author), Oración panegírica pronunciada en la Colegiata de Guadalupe el primer día de la solemnidad del Patronato universal de la Santísima Virgen de Guadalupe* (Imp. en México). Cf. MAN, núm. 76.

169. *1755.* Florencia, Francisco, S.J., *Zodíaco Mariano, en que el Sol de Justicia Christo con la salud de las alas visita como signos y Casa propias para beneficio de los hombres los templos y lugares dedicados a los cultos de su SS. Madre por medio de las más célebres y milagrosas imágenes de la misma Señora que se veneran en esta América Septentrional y Reynos de la Nueva España,* Obra posthvma de el padre Francisco de Florencia, de la Compañía de Jesús, reducida a compendio y en parte añadida por el padre Jvan Antonio de Oviedo de la misma Compañía, Calificador del Santo Oficio . . . Quien lo dedica al Sacrosanto y Dulcísimo Nombre de María. (México, nueva imprenta del Real y más Antiguo Colegio de San Ildefonso, 1755). 12 h., 328 p. Cf. MAN, núm. 77.

170. *1755.* Salvatierra y Garnica, Bernardino, *Métrica historia* . . . (México, Imp. del Empedradillo, 1755). 8 pp. ilus., sin portada. Primera edición: 1737; cf. *supra*, núm. 131.

171. *1755. Officium in festo B.V. Mariae de Guadalupe mexicanae.* (Mexici, 1755). 63 p.; MAN, núm. 79.

172. *1756.* BELTRÁN, Luis, pbro., *Sermón predicado en Zacatecas en celebridad de la confirmación del Patronato universal de Ntra. Sra. de Guadalupe.* (Imp. en México, 1756). Cf. MAN, núm. 78.

173. *1756.* CABRERA, Miguel, *Maravilla Americana y conjunto de raras maravillas, observadas con la dirección de las Reglas del Arte de la pintura en la prodigiosa Imagen de Nuestra Sra. de Guadalupe de México por Miguel Cabrera, Pintor de el Illmo. Sr. Dr. D. Manuel Joseph Rubio y Salinas, Dignísimo Arzobispo de México y del Consejo de su Magestad &c. A quien se la consagra.* (México, en la Imprenta del Real y más Antiguo Colegio de San Ildefonso, 1756). 30 pp. Cf. MAN, núm. 80.

174. *1756.* LÓPEZ, Vicente, S.J., *Hymni in laudem B. Mariae Virginis de Guadalupe* (Mexici, 1756). Cf. MAN, núm. 81.

175. *1756. Oficio de la Bendita Virgen María: Officium in festo B.V. Mariae de Guadalupe mexicanae.* (Mexici, Typis sacror. librorum apud héredes D. Mariae de Rivera, 1756). 63 p.

176. *1756. El Rey:* Por quanto por el abad y Cabildo de la Santa Iglesia Colegial de Nuestra Señora de Guadalupe, extramuros de la ciudad de México, y el consejo, justicia y regimiento de ésta, se me ha representado en cartas de diez, y diez y ocho de marzo del año próximo pasado, lo mucho que se ha extendido la devoción de aquella milagrosa imagen patrona vniversal jurada por tal de todas las Indias Septentrionales . . . (México, 1756). 2 pp.

177. *1756.* VENEGAS, Miguel, S.J., *Hymnus Eucharisticus, o de agradecimiento a la Guadalupana,* Impreso, (anónimo), en Méjico, 1756.

178. *1757.* RIVERA GUZMÁN, Teobaldo, *Relación y estado del culto* . . . (México, 1757). Primera edición: 1740; cf. *supra,* núm. 139.

179. *1757.* ARÁMBURU, Ignacio, S.J., *La canonización del patronato de Ntra. Sra. de Guadalupe de México.* (Imprenta de México, 1757). Cf. MAN, núm. 84.

180. *1757.* CAMARENA Y HERNÁNDEZ, Pedro Antonio, pbro., *Sermón de la Encarnación de el Divino verbo Impresso en la Tilma de Juan Diego y predicado en la milagrosa aparición de María SSma. de Guadalupe,* Assumto,

que promovió el Dr. D. Pedro Camarena y Hernández Cura Beneficiado que fue de los Partidos de Tala, Tzapopan y Ameca . . . , con que se solemnizó el Patronato de dicha Señora en el día de su memorable Aparición el año passado de 1756. Sácalo a luz el muy Venerable Señor Deán y Cabildo de dicha Santa Iglesia, Quien lo dedica a su Illmo. y Rmo. Prelado el señor Don Fr. Francisco de San BuenaVentura Martínez de Texada, Díez de Velasco, Digníssimo Obispo de Guadalaxara en la Nueva Galicia. Con las licencias necesarias. (México, Imprenta de la Biblioteca Mexicana, 1757). Cf. MAN, núm. 85.

181. *1757.* Eguiara y Eguren, Juan José de, Ilmo., *María Santíssima pintándose milagrosamente en su bellíssima Imagen de Guadalupe de México, saluda a la Nueva España y se constituye su Patrona,* Panegyrico que en su Santa Iglesia Metropolitana el día diez de Noviembre de 1756, predicó el Doctor D. Juan Joseph de Eguiara y Eguren, Obispo que fue electo de Yucatán, Canónigo Magistral de dicha Metropolitana . . . , Sácalo a luz la muy noble y muy Leal Imperial Ciudad de México y en su nombre sus comissarios regidores D. Joseph Francisco de Cuevas Aguirre y Espinosa, y D. Gaspar Hurtado de Mendoza y lo dedican al Excmo. Sr. D. Augustín de Ahumada Villalón Mendoza y Narváez, Marqués de las Amarillas, Comendador de Reyna en el Orden de Santiago . . . (México, Imprenta de la Biblioteca Mexicana, 1757). 33 p. ilus.; cf. MAN, núm. 86.

182. *1757.* González y Avendaño, Francisco, *Parhelion Marianum, Mexici conspicuum Suburbiis, Dissertatio de Beata Maria Virgine Guadalupensi.* (Mexici, Typis Riverae, 1757). Cf. MAN, núm. 87.

183. *1757.* Herboso, Pedro, O.P., *Sermón panegyrico en las fiestas de la publicación del breve, en que la Santidad de el Sr. Benedicto XIV confirmó en Patrona Principal de el Reyno de la Nueva España a la milagrosa Imagen de Nuestra Señora de Guadalupe de México,* Decíalo en su Real e Insigne Colegiata el día 18 de Diciembre de 1756. El R. P. Fr. Pedro Herboso del Sagrado Corazón de Predicadores, Ex-Lector de Theología y Regente Segundo de los Estudios Generales del Imperial Convento de Santo Domingo de México . . . , Dálo a luz el M. R. P. Fr. Raymundo de Sequera, presentado en Sagrada Theología, Notario Apostólico y Prior Provincial de la Provincia de Santiago de Predicadores de Nueva España, quien lo dedica a la prodigiosa Imagen de Nuestra Señora de la Piedad en nombre de su Provincia. (México, Imprenta de los Herederos de Doña María de Rivera, 1757). 18 p. ilus.; cf. MAN, núm. 83.

184. *1757.* Iturriaga, Pedro, S.J., *Profecía de raras e inauditas felicidades del Mexicano Reyno la celestial portentosa Imagen de la Soberana Reyna Ma-*

ría Señora de Guadalupe, Sermón que el día 14 de febrero de este año de 1757, en que celebró el Universal Patronato de la Señora, el Illmo. y Rmo. Sr. Dr. y Mro. D. Fr. Ignacio de Padilla y Estrada, del Orden de San Augustín, Arzobispo Obispo de Yucatán, del Consejo de S. Mag. en la Santa Iglesia Cathedral de Mérida. Predicó el Padre Pedro Iturriaga, Professo de la Compañía de Jesús. Dálo a luz pública el mismo Illmo. y Rmo. Sr. Arzobispo Obispo, Quien lo dedica a la milagrosa Imagen Guadalupana. (México, Imprenta de la Biblioteca Mexicana, enfrente de San Augustín, 1757). Cf. MAN, núm. 88.

185. *1757.* Lazcano, Francisco Javier, S.J., *Brevis notitia Apparitionis mirabilis B. Mariae Virginis de Guadalupe.* (Romae, 1757). Cf. MAN, núm. 89.

186. *1757.* Morales Sicala, Jerónimo, *Sermón, que en el día doze de diciembre de este año próximo passado de 1756 en la Festividad de la Aparición Milagrosa de Nuestra Señora de Guadalupe Patrona jurada universal de este Reyno . . . ,* predicó . . . (México, 1757).

187. *1757.* Ponce de León, José Antonio Eugenio, pbro., *El Patronato, que se celebra, suplemento del testimonio que no hay de la Aparición de la Santíssima Virgen de Guadalupe Nuestra Señora,* Sermón Panegýrico, que el día doce de Diciembre de este año de 1756, en la Magnífica Función con que celebró su declarado Patronato en la Iglesia de la misma Señora la Nobilíssima Ciudad de Pátzquaro, Predicó Don Joseph Antonio Ponze de León, Cura Beneficiado por su Mag. Vicario "in Capite", y Juez Eclesiástico, Comissario de los Santos Tribunales de la Inquisición . . . , Sácalo a luz el M. Illmo. Sr. Justicia, y Regimiento de dicha Nobilíssima Ciudad de Pátzcuaro, Capital Política de la Provincia de Michoacán, Quien lo dedica al Excmo. Señor Justicia y Regimiento de la Imperial Corte de México, Capital y Metrópoli de este Reyno. (México. 1757, Imprenta de la Biblioteca Mexicana). 23 p.; cf. MAN, núm. 90.

188. *1757.* Torres, Cayetano Antonio de, pbro., *Sermón de Nuestra Señora de Guadalupe en la Metropolitana en la celebridad de la Confirmación de su Patronato en la Nueva España.* (México, Imp. por Hogal, 1757). Cf. MAN, núm. 92.

189. *1757. Idem (same author), Sermón de la Santíssima Virgen de Guadalupe,* predicado en la Santa Iglesia metropolitana de México en la solemníssima celebridad, que se hizo por la confirmación apostólica del patronato principal, y universal de la misma Señora en su sagrada Imagen,

el día jueves 11 de noviembre de este presente año de 1756, en que costeó la fiesta la nobilíssima imperial ciudad de México . . . , por el dr. y arq. d. Cayetano Antonio de Torres . . . (México, Imp. Herederos de la viuda de J. B. de Hogal, 1757). 11 p. 1., 75 p. ilus., (escudo de armas).

190. *1757.* VEGA, Mariano Antonio de la, pbro., *Sermón panegýrico que en el día 12 de diciembre de 1756, primero del solemne novenario con que se celebró la confirmación del universal patronato en la Nueva España, de María Santíssima señora nuestra, en su maravillosa imagen de Guadalupe de México, concedida por breve de n. bmo. p. Benedicto XIV* . . . , predicó el doctor don Mariano Antonio de la Vega . . . (México, Impr. Bibliotheca Mexicana, 1757). 16 p. 1., 31 p.; cf. MAN, núm. 82.

191. *1758.* ALFARO Y AZEVEDO, José Jorge de, O.P., *Sermón de rogativa, que en el día onze de junio de mil setecientos cincuenta y ocho años, último del novenario, que se hizo en la muy noble y leal ciudad de Zacatecas a la soberana y milagrosa imagen de Nuestra Señora de Guadalupe, que en el Colegio de propaganda fide, extramuros de esta ciudad, se venera, y annualmente se trae a la iglesia parroquial para pedirle las aguas,* decía . . . , el r. p. fr. Joseph George de Alfaro y Azevedo . . . (México, Impr. Bibliotheca Mexicana, 1758). 19 p. 1., 32 pp.; cf. MAN, núm. 93.

192. *1758.* PARDO, Felipe Mariano, O.S.A., *La columna de la América descubierta en el complemento de un contrato, que con ella celebró el Cielo semejante al que celebró con el mundo,* Sermón que en el día de Nuestra Sra. del Pilar . . . celebraron la confirmación del Patronato de Ma. Sma. S. de GUADALUPE, predicó en el Santuario el Rev. Padre Lector Jubilado Fray Felipe Mariano Pardo, dálo a luz el M.R.P. Pred. Fr. Joseph de Ortega . . . , quien lo dedica a Fr. Nicolás de Ochoa. (Imp. Herederos de doña María de Rivera, 1758). 23 p.; cf. MAN, núm. 99.

193. *1758.* CONTRERAS, Javier Evangelista, *Desposorio feliz, o el dichoso vínculo de tres glorias; la plausible confirmación que hizo la santidad del sr. Benedicto XIV, Papa reynante, del patronato, antes jurado por todo el reyno, de María Santíssima señora nuestra, en su prodigiosa imagen de Guadalupe,* Sermón panegýrico que el domingo 9 de octubre de 1757, en que la noble ciudad de S. Luis Potosí dió principio al octavario de los pomposos festivos aplausos; predicó en su santa iglesia parrochial el p. Xavier Evangelista Contreras . . . (México, Impr. de la Bibliotheca mexicana, 1758). 17 p. 1., 59 p.

194. *1758.* DÍAZ DE ALCÁNTARA, José, pbro., *Madre propia y natural de los septentrionales americanos la Santíssima Virgen María Nuestra Señora apa-*

recida en su Soberana milagrossísima Imagen de Guadalupe, Oración pa-
negýrica que para solemnizar la confirmación del Universal Patronato
de la Emperatriz de la gloria, en este nuevo Reyno. Predicó en la Santa
Iglesia Cathedral de Durango el día 18 de Octubre de 1757 años, El Sr.
Dr. D. Joseph Díaz de Alcántara Primario Canónigo Magistral de dicha
Santa Iglesia, Académico honorario de la Real Academia de lengua cas-
tellana en Madrid . . . Dedícala y conságrala reverente al mui Ilustre,
Señor Deán y Cabildo a su Illmo. Príncipe el Sr. D. Pedro Anselmo
Sánchez de Tagle, Digníssimo Señor Obispo de esta Diócesis. (México,
Imprenta del Real y Más Antiguo Colegio de San Ildefonso, 1758). Cf.
MAN, núm. 94.

195. *1758*. Gauna, José de, O.F.M., *Sermón de Nuestra Señora María Santíssima de Guadalupe, que el día diez de Octubre de este Año de 1757 en la
Iglesia Parrochial de la Ciudad de San Luis Potosí, y Fiesta que hizo el Comercio en demostración de haver confirmado nuestro Santíssimo Padre Benedicto XIV (que Dios conserve) el Juramento, que la hizo este Reyno de su
General Patrona*, Predicó el R.P.F. Joseph Gavna Lector Jubilado, Calificador del Santo Oficio, Ex-Definidor de su Santa Provincia de Zacatecas, y Regente de Estudios del Convento del Señor San Francisco
de dicha Ciudad de San Luis Potosí. Y lo dedican a la misma Soberana
Virgen María Don Antonio de la Gándara y D. Thomás Brazeras, Al-
caldes Ordinarios que han sido en dicha Ciudad y Diputados de dicho
Comercio. Con las licencias necesarias. (México, Imprenta de la
Bibliotheca Mexicana, 1758). 41 p., un grab. en cobre. Cf. MAN,
núm. 95.

196. *1758*. González Pinal, José, pbro., *Sermón fúnebre predicado en la
Colegiata de Guadalupe de México en las Honras que ésta hizo a su Abad, el
Sr. Dr. D. Juan de Alarcón y Ocaña*. (Imp. en México, 1758). Cf. MAN,
núm. 96.

197. *1758*. Martínez de los Ríos, Manuel Antonio, *Condescendencia de
Christo a nuestras peticiones por gloria de su Soberana Madre María señora
nuestra, en que su magestad eterna se acredita de verdadero Hijo del hombre.*
Sermón que en la solemne jura, que hizo la muy noble villa de Quauh-
pahuac, de venerar por patrona a la Reyna Puríssima en su imagen milagrosíssima de Guadalupe, de México, predicó el r.p. fr. Manuel Antonio Martínez de los Ríos . . . , el día 16 de diciembre del año passado
de 1756 . . . (México, Imp. Herederos de la viuda de J. Hogal, 1758).
11 p. 1., 26 p.

198. *1758*. Muñoz de Castiblanque, Antonio Cristóbal, O. de la M., *La
mina de la Virgen tapada de Nazareth, y descubierta en el cerro de Guadalupe,*

para ser universal patrona de los americanos, y muy principal de los mineros, y por mina de oro, de los de la minería del Potosí, Oración panegýrica, que, en la universal celebridad que hizo la ciudad de S. Luis Potosí, y sus gremios, en su iglesia parroquial . . . predicó el día 11 de octubre del año de 1757, el m.r.p. mro. fr. Antonio Christóval Muñoz de Castilblanque Ayerve y Aragón de Ayora y Chirino. (México, Impr. de la Bibliotheca Mexicana, 1758). 13 p. 1., 22 p. ilus. (escudo de armas), Cf. MAN, núm. 97.

199. *1758. Nuevas Constituciones y Reglas que la ilustre y venerable Congregación de Nuestra Señora de Guadalupe, Fundada canónicamente en su Santuario extramuros de esta Ciudad, y erigido hoy En Insigne y Real Colegiata Ofrece a sus Congregantes, que actualmente son, y demás fieles, que desean assentarse en ella para obsequio y servicio de tan Soberana Reyna;* dáse también sumariamente noticia de todas las gracias y Apostólicos indultos, que varios Summos Pontífices le han concedido, y nuevamente la Santidad de Ntro. Bmo. P. el Señor Benedicto XIV (que Dios prospere). (México, Imprenta de la Bibliotheca Mexicana, 1758). Cf. MAN, núm. 98.

200. *1758.* RODRÍGUEZ VALLEJO Y DÍAZ, José, pbro, *Sermón que el día 8 de octubre del año de mil setecientos cincuenta y siete, primero de los nueve con que la Novilíssima y siempre leal Ciudad de Querétaro, y sus Sacratíssimas Religiones celebraron la Confirmación del Título de Principal, y Universal Patrona del Reyno de la América, hizo la Santidad del Sr. Benedicto XIV, en su portentosa imagen de la Virgen María de Guadalupe de México,* Predicó D. Joseph Rodríguez Vallejo y Díaz, Dr. Theólogo por la Real y Pontificia Vniversidad de México, Colegial que fue de oposición en el de S. Xavier de Querétaro, Vice-Rector, y Cathedrático dos veces por oposición de Philosophia en el Real y Primitivo de San Nicolás de Valladolid, propuesto a S.M. en segundo lugar por el Assistente Real para la Canongía Lectoral de la Santa Iglesia de dicha Ciudad de Valladolid. Dalo a la luz pública la Novilíssima Ciudad de Querétaro, y en su nombre sus dos Comissarios. Con licencia de los Superiores. (Imp. en México en la Imprenta de la Bibliotheca Mexicana, 1758). 42 p. Cf. MAN, núm. 100.

201. *1758.* VALDERAS COLMENERO, Ignacio Luis de, pbro., *Sermón de Nuestra Señora de Guadalupe de México, que en su iglesia de la ciudad de Querétaro, domingo 16 de octubre de 1757, día último del solemníssimo novenario que se celebró en ella, por la confirmación pontificia de El Patronato Universal y Primario de la misma Señora en su aparecida imagen* . . . , Predicó Ignacio Luis de Valderas, uno y otro por Manuel Joseph Rubio y Salinas

. . . (México, Bibliotheca Mexicana, 1758). 52 p. ilus. Cf. MAN, núm. 101.

202. *1759.* ANDRÉS DE LA SANTÍSIMA TRINIDAD, C.D., *La venerada y Glorificada en todas las naciones, por haverse aparecido en estos Reynos,* Sermón de Nuestra Madre y Señora María Santíssima de Guadalupe, que en el día 12 de Diciembre de 1755, en que se estrenó su nuevo Oficio, con Missa Pontifical, que cantó el Ilmo. Sr. Dr. D. Manuel Joseph Rubio de Salinas, del Consejo de su magestad, Digníssimo Arzobispo de esta Santa Iglesia Metropolitana, predicó en dicha Santa Iglesia el P. Fr. Andrés de la Santíssima Trinidad, Religioso Carmelita Descalzo, Sácalo a luz y lo dedica a la misma Soberana Reyna de los Cielos María Santíssima en su Portentosa, y Thaumaturga Imagen de Guadalupe, el Mtro. D. Domingo Lavreano de la Vega Ximénez, Professor de Pharmacopea Padre del Author, con licencia de los Superiores. (México, Imprenta de la Bibliotheca Mexicana, 1759). Cf. MAN, núm. 102.

203. *1759. Breve noticia de las fiestas, en que la muy ilustre ciudad de Zacatecas explicó su agradecimiento en la confirmación del patronato de Nra. Sra. de Guadalupe, el mes de septiembre del año de 1758, por N. SS. P. el señor Benedicto XIV, Y sermones predicados en dicha función.* Siendo sus comissarios . . . Joseph de Joaristi, Por un apassionado de dicha ciudad de Zacatecas. (México, Herederos de doña María de Rivera, 1759). 150 p. ilus.; cf. MAN, núm. 103.

204. *1759.* LAZCANO, Francisco Javier, S.J., *Sermón panegýrico al ínclyto patronato de María señora nuestra en su milagrossíssima imagen de Guadalupe, sobre la universal septentrional América, que, patente el diviníssimo Sacramento, predicó el p. Francisco Xavier Lazcano* . . . (México, Impr. de la Bibliotheca Mexicana, 1759). 12 p. 1., 28 p. ilus., (escudo de armas). Cf. MAN, núm. 104.

205. *1759.* ORRIO, Javier Alejo, S.J. *Descripción en prosa y verso de las fiestas con que la ciudad de Zacatecas celebró la confirmación del Patronato de Nuestra Señora de Guadalupe en toda la América.* (Imp. en México, 1759). Cf. MAN, núm. 105.

206. *1759.* PAREDES, Ignacio de, S.J. *Promptuario; manual mexicano, que a la verdad podrá ser utilíssimo a los párrochos para la enseñanza; a los necessitados indios para su instrucción; y a los que aprenden la lengua para la expedición . . . Añádese por fín un sermón de Nuestra Santíssima Guadalupana Señora, con una breve narración de su historia;* y dos índices; que se

hallarán al principio de la obra. (México, Imprenta de la Bibl. Mexicana, 1759). 380 xc p. ilus.

207. *1759.* REYNOSO, Sancho, S.J. *La injusticia por derecho justificada por gracia;* Sermón que predicó el P. Sancho Reynoso, Professo de la Compañía de Jesús, en el colegio de San Luis de la Paz, día Tercero del festejo con que se aplaudió confirmada Patrona con oficio y missa la Virgen María en su milagrosa Imagen de Guadalupe, dedícalo a la misma Sacratíssima Señora e Imagen milagrosa. (México, Imprenta de la Bibliotheca Mexicana, 1759). 27 p.; cf. MAN, núm. 106.

208. *1761.* PAREDES, Antonio, S.J., *Sermón Panegýrico que predicó el Muy Rdo. P. Antonio Paredes de la Compañía de Jesús Rector de el Colegio del Espíritu-Santo de la Puebla de los Angeles en la solemne acción de gracias, que el día 14 de octubre de 1759 hizo el Religioso Convento de Sta. Catharina de Sena de la misma Ciudad. A Ntra. Jurada Patrona María Santma. de Guadalupe Por un manifiesto milagro probado, y jurídicamente declarado, que se dignó obrar la misma Sra. el día 12 de Diciembre de 1755, en una Religiosa de aquel Convento,* Sácalo a luz El Sr. Dr. D. Joseph Xavier de Tembra y Simanes, Canónigo Lectoral de la Santa Iglesia Cathedral de Valladolid, quien lo dedica a la Insigne y Real Colegiata de Guadalupe. (México, Imprenta del Real y Más Antiguo Colegio de San Ildefonso, 1761). 15 p.; cf. MAN, núm. 107.

209. *1762.* Espejo de conversión, la imagen santíssima de Nuestra Señora de Guadalupe de la ciudad de México, en diez y seis décimas. (México, Herederos de la Vda. de D. Joseph de Hogal, 1762). 3 p. ilus.

210. *1762.* ORRIO, Javier Alejo, S.J. *Sermón panegýrico, predicado en la iglesia parroquial de Zacatecas, con la ocasión de haverse dedicado un nuevo altar, y colocado en él a la Señora de Guadalupe, a quien havía jurado por su patrona universal dicha ciudad,* por el mes de septiembre de 1758, Por el p. Xavier Alexo de Orrio . . . (México, Imprenta de los Herederos de María de Rivera, 1762). 8 p. 1., 16 p.; cf. MAN, núm. 108.

211. *1762.* PARREÑO, José Julián, S.J., *El ilustre y Real Colegio de Abogados, Patrón de las causas y derechos de Nuestra Señora de Guadalupe,* Sermón que en la primera Fiesta a su Titular dixo el día 13 de Diciembre de 1751, El R.P. Joseph Jvlián Parreño de la Compañía de Jesvs, Prefecto de la Doctrina Christiana en la Casa Professa de México. Dado a luz por el mismo Ilustre y Real Colegio, siendo su primer Rector el Sr. Dr. D. Manuel Ignacio Beye Cisneros y Quixano, Rector assimismo de la Rl. y Pontificia Universidad de la propia Corte de México. (México,

Impreso en el Real y Más Antiguo Colegio de San Ildefonso, 1762). 12 p.; cf. MAN, núm. 109.

212. *1765*. BELTRÁN, Luis, pbro., *El poder sobre las aguas, dado a Nuestra Patrona la Virgen Santíssima en su divina imagen de Guadalupe,* Sermón que en el día 23 de junio, y último del novenario, que en el templo de la real, e insigne Colegiata de la misma Señora, hicieron los caballeros hazendados, para impetrar de su beneficiencia el socorro de las aguas necessarias a la fertilidad de los campos, Predicó el dr. d. Luis Beltrán . . . (México, Impr. de la Bibliotheca mexicana, 1765). 10 p. 1., 19 p.; cf. MAN, núm. 110.

213. *1765*. VENEGAS, Miguel, S.J., *Hymnus eucharisticus in laudem SSmae. Virginis Mariae quam sub titulo de Guadalupe venerantur incolae novae Hispaniae, a Sacerdote quodam Americano conditus, et a D.I.S. Guipuscoano editus,* Superiorum facultate. (Mexici: ex. Reg. & Antiq. S. Ildefonsi Colegij typis, Anni Dni. MDCCLXV). Cf. MAN, núm. 111.

214. *1766*. ESTRADA, José Manuel, S.J., *Elogio de Nuestra Señora de Guadalupe.* (Imp. en México, 1766). Cf. MAN, núm. 112.

215. *1766*. RODRÍGUEZ, Francisco Javier, S.J., *Sermón de Nuestra Señora de Guadalupe que el día 6 de julio y último del Novenario que en el Templo de la Real e insigne Colegiata de la misma Señora, hicieron los Cavalleros Hacendados, para impetrar el socorro de las Aguas necessarias a la fertilidad de los Campos,* Predicó el P. Francisco Xavier Rodríguez de la Sagrada Compañía de Jesús. Sácanlo a luz los mismos Ilustres Caballeros, en cuyo Nombre lo dedican los Comissarios de el Novenario, a la Sma. Virgen María en su Imagen de Guadalupe. (México, Imprenta del Br. D. Joseph Antonio de Hogal, 1766). Cf. MAN, núm. 113.

216. *1766*. RUIZ DE CASTAÑEDA, Juan José, *Sermón panegírico en glorias de María Santíssima, bajo el título de Guadalupe,* que en su santuario día 12 de diciembre de 1765 años, patente el diviníssimo Sacramento y con assistencia del excmo. sr. Vi-Rey, real Audiencia, tribunales y sagradas religiones, predicó el p. Juan Joseph Ruiz de Castañeda . . . (México, Impr. del Superior gobierno, 1766). 12 p. 1. 20 p.

217. *1766*. *TRIDUO preparado para celebrar la maravillosa aparición de María Santíssima de Guadalupe, y agradecidos recuerdos de tan singular beneficio, para el día doze de cada mes;* que dispuso en Madrid un Sacerdote Mexicano; y recopilado, para su más fácil práctica saca a luz la devoción

a tan Soberana Reyna, A quien se dedica, ofrece, y consagra, México. (Reimpressa en la Imprenta del Colegio de S. Ildefonso, 1766). Cf. MAN, núm. 114.

218. *1768.* Bengoechea, Agustín, O.F.M., *La gloria de María en sus gracias para con los Americanos,* Oración panegýrica de Nuestra Señora de Guadalupe que el día 15 de mayo de 1768, y último del Novenario, que en el Templo de la Real e Insigne Colegiata de la misma Señora hicieron los caballeros hazendados implorando de su intercesión el beneficio de las aguas para sus campos. Dixo el R. P. Fr. Augustín de Bengoechea . . . (México, Imprenta de D. Phelipe de Zúñiga y Ontiveros, Calle de la Palma, 1768). 23 p.; cf. MAN, núm. 115.

219. *1768.* Rodríguez, José Manuel, O.F.M., *El país afortunado,* Oración panegýrica que en la anual solemnidad con que celebra la Nobilíssima Ciudad de México la maravillosa Aparición de Nuestra Señora de Guadalupe, en la Iglesia de su Insigne y Real Colegiata, con asistencia de todos los Tribunales, predicó el día 12 de Diciembre de 1767 El R.P.F. Joseph Manuel Rodríguez, Ex-Lector de Sagrada Theología, Predicador General, Chronista General de las Provincias de N.P.S. Francisco de esta Nueva España, y Comissario Visitador de su orden Tercero de esta Corte. Dedícanla a la misma nobilíssima Ciudad sus actuales comissarios. Con las licencias necesarias. (México, Imprenta nueva Anmerpiana de D. Phelipe de Zúñiga y Ontiveros, Calle de la Palma, 1768). 18 p., 1 grab.; cf. MAN, núm. 116.

220. *1770.* Lorenzana, Francisco Antonio de, Ilmo., *Oración a Nuestra Señora de Guadalupe.* (México, Imp. del Superior Gobierno del Br. D. Joseph Antonio de Hogal, 1770). 41 p.; cf. MAN, núm. 117.

221. *1772.* Beltrán de Beltrán y Barnuevo, Luis de, pbro., *Las esperanzas de los enemigos de la Religión Frustradas; las nuestras excedidas,* Oración Genetlíaca, que en la solemne acción de gracias, que dió a su adorada patrona la Virgen Santísima en su imagen de Guadalupe, por el feliz nacimiento del Señor Infante Don Carlos Clemente, la Excma. Ciudad de México, junta con el Ilustre, y Ven. Cabildo de la Real e insigne Colegiata de la Señora, Dixo el día 24 de enero de 1772, el Dr. D. Luis Beltrán de Beltrán, Prebendado de dicha Iglesia. Sácala a luz, dedicándola a S. A. la Real Princesa de Asturias N. Señora Doña Luisa de Borbón, la expressada Ciudad. (Impressa en México por D. Felipe de Zúñiga y Ontiveros, Calle de la Palma, 1772). 42 p.; cf. MAN, núm. 119. El autor de núm. 212, *supra,* y el de este núm. son la misma

persona. (The authors of number 212 above and of this item are one and the same person.)

222. *1772.* Morfí, Juan Agustín, O.F.M., *La seguridad del patrocinio de María Santísima en Guadalupe,* Sermón panegýrico, que en la fiesta, que anualmente hacen los señores labradores, implorando su protección dixo el día 17, de mayo de este presente año en la iglesia de su santuario el r. p. fr. Jvan Agvstín Morfi . . . (México, Impr. de la Bibliotheca Mexicana del J. de Jáuregui, 1772). 4 p. 1., 12 p.

223. c. *1772.* Anónimo. *Descripción de las solemnes festivas demostraciones con que esta nobilísima ciudad de S. Luis Potosí, celebró el día trece, catorce y quince del mes de Diciembre de este presente año de mil setecientos setenta y uno el Nuevo Patronato de María Santísima Nuestra Señora, en su estupenda florida Imagen de Guadalupe, con aprobación del Illmo. Señor Dr. D. Pedro Anselmo Sánchez de Tagle, dignísimo Obispo de este Obispado a cuya sabia dirección se practicó la Votación y Juramento en la Iglesia Parroquial de esta ciudad.* (Impresa con las licencias necesarias en México, en la Imprenta de la Bibliotheca Mexicana del Lic. D. José de Jáuregui, en la calle de San Bernardo). 13 hs. 90 pp.; MAN, núm. 118.

224. *1773.* Fuente, Andrés Diego de, S.J., *(Andreae Didaci Fontani sacerdotis), Guadalupana B. Mariae Virginis Imago, quae Mexici colitur, carmine descripta.* (Faventiae Anno 1773, Ex Typographia Episcopali Josephi Antonii Archii. Praeditum facultate). Cf. MAN, núm. 120.

224a. *1773.* Rincón Gallardo, Pedro, *Inmaculatae V. Deiparae de Guadalupe,* Profesto celebrando die propria 12 decembris. (Romae apud Salesianas Sanctimoniales, Hymnus, a Petro Gallardo et Díez, 1773).

225. *1774.* Gondra, José María de, S.J., *Iosephi Adriani Madregón, De Imagine Guadalupensi Mexicana,* jambici Archilochii dimetri acatalectici. (Faventiae, Ex typographia Iosephi Antonii Archii. 1774). 8 p.; cf. MAN, núm. 121.

226. *1774.* Vela, Joseph, *Oración que en la festividad de Nuestra Señora de Guadalupe de México, que celebró su Real Congregación en la iglesia de San Felipe el Real de esta Corte, el día 12 de diciembre de 1773,* dixo D. Joseph Vela, Doctor en Sagrada *Teología, Opositor a Canonicatos, Visitador General del Obispado de Sigüenza, Académico del número de la Real Academia Española, Académico de Honor de la de San Fernando, y Capellán Doctoral de S.M. en su Real Casa de la Encarnación de esta Corte. Sácala a luz la*

misma Real Congregación. (Madrid, 1774, por D. Joaquín Ibarra, Impresor de Cámara de S.M. Con las licencias necesarias).

227. *1776.* Anónimo. *Carta de Esclavitud que en reconocido recuerdo del singular favor, que la Santíssima Virgen nos hizo en su Portentosa Aparición de Guadalupe pueden hacer sus Devotos ante su Celestial y benigna Patrona,* Dada a la estampa por un Sacerdote, Esclavo de tan Soberana Reyna. (Reimpresa en México en la Imprenta de D. Phelipe de Zúñiga y Ontiveros, 1776). 3 h.; cf. MAN, núm. 122.

228. *1776.* Lazcano, Francisco Javier, S.J., *Guadalupano zodíaco para recibir de la escogida como el sol María Señora Nuestra, los más* propicios influxos. (Reimp. México, Felipe de Zúñiga, 1776).

229. *1776.* Ruiz de Castañeda, Juan José, S.J., *Sermón panegírico en Gloria de María Santíssima, bajo el título de Guadalupe,* Que en su Santuario día 12 de Diciembre de 1765 años, Patente el Diviníssimo Sacramento y con assistencia del Excmo. Sr. Virrey, Real Audiencia, Tribunales, y Sagradas Religiones, Predicó el P. Juan Joseph Ruiz de Castañeda de la Compañía de Jesús, Prefecto de Espíritu en el Colegio de S. Ildefonso de Puebla, Sácalo a luz el Sr. Presidente de la Real Insigne Colegiata y lo dedica a su Muy Ilustre Cabildo. (México, en la Imprenta del Superior Gobierno, 1776). 20 p.; cf. MAN, núm. 123.

230. *1777.* González y Avendaño, Francisco, *Parhelion Marianum . . .* (México, Heredes de María de Rivera, 1777). Primera edición: 1757; cf. *supra*, núm. 182.

231. *1778.* Campos, Juan Gregorio de, Oratoriano, *Los Mysterios que depositó María Santíssima en su imagen de Guadalupe de México,* Oración Panegýrica que en su solemne festividad dixo el día 12 de diciembre del año pasado de 1777 el P. Dr. y Mro. D. Juan Gregorio de Campos, Presbýtero de la Real Congregación del Oratorio de S. Felipe Neri . . . (México, Imprenta Nueva Madrileña de D. Felipe de Zúñiga y Ontiveros, 1778). 21 p.; cf. MAN, núm. 124.

232. *1778.* Fernández de Uribe, José Patricio, *Disertación histórico-crítica* . . . (México, 1778).

233. *1778.* Toledo, José Angel de, S.J., *Triduo di Divozione in apparecchio alla Festa di Maria Santissima di Guadalupe del Messico, Che si fa nella Chiesa di S. Gio: Battista Decollato presso il Mercato ove si venera questa Santa Imagine,* Con una breve notizia premessa della di lei prodigiosa

Apparizione. (In Bologna, Nella Stamperia dei Longhi, 1778). 57 p.; cf. MAN, núm. 125.

234. *1779*. Francisco de San Cirilo, C.D., *El más noble desempeño de la promesa más generosa*, Sermón panegýrico de Nuestra Señora de Guadalupe, que en su Insigne y Real Colegiata dixo el día de la celebridad de su Aparición 12 de Diciembre de 1778, El R. P. Fr. Francisco de S. Cyrilo Carmelita Descalzo, Dedícase a la Muy Noble, Leal, Imperial Ciudad de México. (Impresso en dicha Ciudad por D. Felipe de Zúñiga y Ontiveros, 1779). 24 p.; cf. MAN, núm. 126.

235. *1780*. Becerra Tanco, Luis, pbro., *Felicidad de México* . . . (México, por D. Felipe de Zúñiga y Ontiveros, calle de la Palma, año de 1780). Primera edición: 1666; cf. *supra*, núm. 79; MAN, núm. 127.

236. *1780*. *Congregación de Nuestra Señora de Guadalupe, Madrid*, Constituciones de la real Congregación de Nuestra Señora de Guadalupe de México, fundada en la Iglesia de S. Felipe el Real de esta Corte. (Madrid, J. Ibarra, Impresor de Cámara de S. M., 1780). 36 p.

237. *1780*. Gondra, José María de, S.J., *De Imagini Guadalupensi mexicana* . . . (Roma, 1780). Primera edición: 1774 (Faenza); cf. *supra*, 225. Gondra usó el seudónimo de Adrián Madregón. (Gondra uses "Adrián Madregón" as a pseudonym.)

238. *1780*. Valdés, Manuel, *Versos mudos que compuso don Manuel Valdés a María Sma. (de Guadalupe)*. Cf. MAN, núm. 128.

239. *1781*. Campos, Juan Gregorio de, Oratoriano, *Oración panegírica a María Santíssima en su portentosa Imagen de Guadalupe*, Pronunciada en su Santuario el día 27 de mayo de este año de 1781, Por el P. Dr. y Mro. Juan Gregorio de Campos, Presbýtero de la Real Congregación del Oratorio de N. P. S. Felipe Neri, en la anual fiesta que celebran los Caballeros Labradores del Reino; los que le dan a la estampa y dedican a la misma Soberana Reyna. (México, Imp. Felipe de Zúñiga y Ontiveros, 1781). 6 p. l., 18 p.; cf. MAN, núm. 129.

240. *1781*. *Dos relaciones históricas de la admirable aparición de la Virgen Santíssima y Soberana Madre de Dios baxo el título de Santa María de Guadalupe, acaecida en esta Corte de México el año de mil quinientos treinta y uno:* la primera sacada de las diligencias originales remitidas en los años de 1663 y 1666 de dicha Corte a la de Roma, que pasadas en ella a el latín traduxo en Toscano Anastasio Nicoselli, e imprimió el año de 1681 y al

castellano un Presbýtero de este Arzobispado. Y la otra, que de la que dió a luz en 1648 el Br. Dr. Miguel Sánchez, extractó el P. Mateo de la Cruz, e imprimió en la Puebla de los Angeles en 1660 el Illmo. Sr. D. Juan García de Palacios y reimprimió en Madrid el Illmo. Sr. D. Pedro de Gálvez en 1662. (México, Imprenta de Felipe de Zúñiga y Ontiveros, 1781). 25 p.; cf. MAN, núm. 131.

241. *1781.* Cruz, Mateo de la, S.J., *Relación de la milagrosa aparición . . .* , 3ª ed. (México, calle de la Palma). Primera edición: 1660; cf. *supra*, núm. 74; MAN, núm. 130.

242. *1781.* Nicoselli, Anastasio, pbro., *Relación histórica de la admirable aparición de la Virgen Santísima Madre de Dios, bajo el título de Ntra Sra. de Guadalupe, acaecida en Mexico el año de 1531.* Traducida del latín en italiano para universal edificación de los Devotos de la misma Santísima Virgen por Anastasio Nicoseli. Dedicado al Rmo. P. Fr. Ramón Capisucchi, maestro del Sacro Palacio. Impresa en Roma a expensas del Tinassi, en el año de 1681, y últimamente traducida en nuestro idioma Castellano por un presbýtero de este Arzobispado, devoto suyo. (Impresa en México, calle de la Palma en 1781). Cf. Primera edición (italiana): 1681; *supra*, núms. 93 y 240.

243. *1781.* Guevara, Miguel Tadeo, O.F.M., *Visita sin despedida, que hizo María de Guadalupe al Reyno, para la estabilidad y firmeza de la Iglesia Americana,* Oración panegýrica, que en su insigne y Real Colegiata predicó el día de la celebridad de su Aparición, 12 de Diciembre del año pasado de 1780, el R. P. Fr. Miguel Tadeo de Guevara, Lector Jubilado y Regente General de Estudios en el Colegio de San Buenaventura de Santiago Tlaltelolco. Sale a luz a expensas de Don Miguel de Chávez, cordialísimo devoto y humildísimo Siervo de la Soberana Reyna Guadalupana. (México, Imprenta Nueva Madrileña de Don Felipe de Zúñiga y Ontiveros, 1781). 26 p.; cf. MAN, núm. 133.

244. *1782.* Clavigero, Francisco Javier, S.J., *Breve ragguaglio della prodigiosa e rinomata immagine della Madonna di Guadalupe del Messico.* (Cesena, Gregorio Biasini all' insigna di Pallade, 1782). 39 p. ilus.; cf. MAN, núm. 135.

245. *1782.* Fornarelli, Domenico, pbro., *Breve relazione della imagine della Madonna Santissima detta di Guadalupe del Messico.* (Cesena, 1782). Cf. MAN, núm. 137.

246. *1782*. Peñuelas, Pablo Antonio, pbro., *Panegírico a Nuestra Señora de Guadalupe, que predicó en el famoso templo de su Santuario de México . . .*, el día 12 de mayo de 1782 y último del novenario con que anualmente imploran su patrocinio, para conseguir el patrocinio de las lluvias, los señores labradores del reyno, Quienes lo sacan a luz . . . (México, Felipe de Zúñiga y Ontiveros, 1782). 19 p. ilus.; cf. MAN, núm. 136.

247. *1782*. Salvatierra y Garnica, Bernardino, *Métrica historia . . .* (Puebla de los Angeles, en la Oficina de S. Pedro de la Rosa, 1782). Primera edición: 1737; cf. *supra*, núm. 131; MAN, núm. 134.

248. *1783*. Cabrera, Miguel, *Maraviglia Americana o sia complesso di rare maraviglie Osservate colla direzione della regole dell' arte della Pinttura nella prodigiosa Imagine della Madonna di Guadalupe del Messico del signor Michele di Cabrera Pittore dell'Illmo. e Rmo. Monsignor Emanuele Giuseppe Rubio e Salinas Arcivescovo Metropolitano &c. &c. a cui fu dedicata:* Or tradotta dallo Spagnuolo ed umiliata alle MM. RR. Madri Agostiniane Di S. Vito Martire di Ferrara Dall'Abate Don Giuseppe M. de Gondra. (In Ferrara, Nella Stamperia Rinaldiana Colle dovute facoltá, 1783). 48 p.; cf. MAN, núm. 138. Primera edición castellana (First Spanish edition): 1756; cf. *supra*, núm. 173.

249. *1783*. Toledo, José Angel, S.J., *Triduo devoto para disponerse a la fiesta de María Santísima de Guadalupe de México, Con una breve noticia de su prodigiosa Aparición:* Traducido de la lengua Española, en que fue compuesto, por un Sacerdote Mexicano, a la Toscana; y ahora de ella por otro, buelto al Castellano, Que dan a luz sus Devotos, México, Felipe de Zúñiga y Ontiveros, 1783, 23 h. 1 grab.; cf. MAN, núm. 139. Esta es la traducción castellana del italiano publicado en 1778. (This is a Spanish translation of the Italian published in 1778). Cf. *supra*, núm. 233.

250. *1784*. Bustamante, Juan, pbro., *Sábado Mariano para el fomento de la devoción de los que en tal día visitan el Santuario de Guadalupe.* (Imp. en México, 1784). Cf. MAN, núm. 140.

251. *1784*. *Cofradía de Nuestra Señora de Guadalupe*, México, Patente de la Cofradía de Nuestra Señora de Guadalupe, fundada por naturales, con autoridad ordinaria, en la ermita antigua, primera iglesia de su santuario, extramuros de la ciudad de México. (México, Imprenta nueva madrileña de los herederos de J. de Jáuregui, 1784). 47 p. ilus.

252. *1784*. Mantovani, Pablo Luis, pbro., *Orazione panegirica por la solemnità di S. Maria di Guadalupe recitata nella chiesa di S. Vito del Sig. Abate Conte Paolo Luigi Mantovani E dedicata al' Emo. e Rmo. Principe Il Sign. Cardinale Alessandro Mattei Arcivescovo di Ferrara.* (In Ferrara, per gli Eredi Rinaldi con Licenza de' Superiori, 1784). 30 p.; cf. MAN, núm. 141.

253. *1784*. *Officium in festo B. V. Mariae de Guadalupe Mexicanae.* (Mexici, typ. Sacror. Librorum ap. Heredes Lic. D. Josephi a Jauregui, 1784). 47 p.

254. *1784*. Quirós y Campo Sagrado, Manuel, *Descripción de las Endechas Mudas en eloxio de la Santísima Madre Santa María de Guadalupe,* dispuestas por D. Manuel de Quürós (*sic*) Campo Sagrado, 1784. 1 h. en doble fol. Cf. MAN, núm. 142.

254a. *1784*. Vela, José, *Oración que en la festividad de Nuestra Señora de Guadalupe de México, que celebró su real congregación en la iglesia de San Felipe el Real de esta Corte, el día 12 de diciembre de 1773* . . . (Madrid, imp. en 1784).

255. *1785*. Becerra Tanco, Luis, pbro., *Felicidad de México en la admirable aparición de la Virgen María Ntra. Sra. de Guadalupe y orígenes de su milagrosa imagen,* Quarta edición. (Madrid, Imp. de Juan de Zúñiga, 1785). 109 p. ilus. Primera edición: 1666; cf. *supra,* núm. 79; MAN, núm. 143.

256. *1785*. Beristáin y Souza, Mariano de, *Patente de la Cofradía de Nuestra Señora de Guadalupe, y Rosario de las benditas ánimas del Purgatorio,* Reimpresa en México. (Imprenta de los Herederos del Lic. D. Joseph de Jáuregui, 1785). 4 h.

257. *1785*. *Colección de obras y opúsculos pertenecientes a la milagrosa aparición de la bellísima imagen de Nuestra Señora de Guadalupe, que se venera en su santuario extramuros de México,* reimpresas todas juntas y unidas por un devoto de la Señora, con el fin de que con el tiempo no perezcan, o se hagan muy raras algunas de las piezas menores. (Madrid, Lorenzo de San Martín, 1785). 2 v. 804 p. ilus. Cf. MAN, núm. 144; VLA, 98 n. 6.

258. *1785*. Florencia, Francisco de, S.J., *Flores Guadalupanas o Sonetos alusivos a la celestial Imagen de María Santísima en su advocación de Guadalupe.* (México, por D. Felipe de Zúñiga, 1785). 18 h., 1 lám. Cf. MAN, núm. 145.

259. *1785. Idem (same author), La estrella del Norte . . .* (Madrid, Imp. Lorenzo de San Martín, 1785). 830 pp. Primera edición: 1688; cf. *supra*, núm. 103; MAN, núm. 145.

260. *1785. Idem (same author), Las novenas del santuario de Nuestra Señora de Guadalupe de México, que se apareció en la manta de Juan Diego.* (Madrid, Impr. de Lorenzo de San Martín, 1785). 120 p. ilus.

261. *1785. Idem (same author), Flores guadalupanas o Sonetos alusivos a la celestial imagen de María Santísima Nuestra Señora en su advocación de Guadalupe, especialmente quanto a vestido y adornos.* (México, Felipe de Zúñiga y Ontiveros, 1785). 30 p. ilus.; cf. MAN, núm. 146.

262. *1785. Novenas a la Santísima Virgen María madre de Dios para en sus milagrosos santuarios de los Remedios y Guadalupe de México:* Triduo devoto a la misma Señora de Guadalupe, y noticia de su prodigiosa aparición con los breves de Benedicto XIV para oficio, misa propia y otras concesiones particulares. (Madrid, Impr. de Lorenzo de San Martín, 1785). 147 p.

263. *1785.* LÓPEZ, Vicente, S.J., *Hymni in laudem* . . . (Madrid, 1785). Primera edición: 1756 (México); cf. *supra*, núm. 174; MAN, núm. 147.

264. *1785.* SÁNCHEZ, Miguel, pbro., *Novenas a la Virgen* . . . (Madrid, Imp. por Lorenzo de San Martín, 1785). Primera edición: 1665 (México); cf. *supra*, núm. 78; MAN, núm. 150, donde la obra reseñada bajo el título *Devocionarios* es la misma que ésta (where the MAN item is the same as *Novenas*).

265. *1785. Patente de la Cofradía de Nuestra Señora de Guadalupe, y Rosario,* etc., obra reseñada por MAN, núm. 148, como anónima; otros la atribuyen a Beristáin y Souza; cf. *supra*, núm. 256.

266. *1785.* PLANCARTE, José, O.F.M., *Flores Guadalupanas o Treinta Sonetos en alabanza de la milagrosa Imagen de Nuestra Señora de Guadalupe de México.* (Impreso en México, 1785). Cf. MAN, núm. 149.

267. *1786.* LARRAÑAGA, Francisco Bruno, *La América socorrida en el gobierno del excelentísimo señor don Bernardo de Gálvez conde de Gálvez &c. &c. &c., Egloga* . . . (México, Felipe de Zúñiga y Ontiveros, 1786). 75 p. ilus.

268. *1786.* Castro, José Agustín, *El triunfo del silencio, canción heróica, que al glorioso martirio del ínclito sagrado protector del sigilo sacramental San Juan Nepomuceno, decía Don Joseph Agustín de Castro vecino de la Ciudad de Valladolid de Michoacán*, Sácalo a luz el señor Conde de Miravalle, quien lo dedica a María Santísima de Guadalupe. (México, Por D. Felipe de Zúñiga y Ontiveros, 1786).

269. *1786.* Vela, José, *Oración, que en la festividad de Nuestra Señora de Guadalupe de México, que celebró su real congregación en la iglesia de San Felipe el Real de esta Corte, el día 12 de diciembre de 1773*, dixo don Joseph Vela . . . Madrid, Impresso en 1784; México, reimpreso por F. de Zúñiga y Ontiveros, 1786). 1 p. l., 19 p.

269a. *1786.* Francos y Monroy, Cayetano, *Nos don Cayetano Francos y Monroy . . . arzobispo de esta santa Iglesia Metropolitana de la Nueva Ciudad de Guatemala . . . Es bien notorio a todo el mundo el insigne favor . . . en la peregrina Imagen de Nuestra Señora de Guadalupe . . .* (Guatemala, 1786). Este impreso rarísimo es una hoja grande; el único ejemplar conocido está en la Colección Medina. (This rare imprint, in the form of a broadsheet, is preserved in the Medina Collection of Santiago de Chile.) Hay una copia en micropelícula en la Library of Congress. (There is a microfilm copy in the L.C.).

270. *1787.* Benedictus Papa XIV, *Ad perpetuam rei memoriam, Non est equidem, quod Nos in hoc ipso potissimum Apostolicae omnium Ecclesiarum solicitudinis &* . . . (En *Un devoto de la Señora*, Colección de Obras y opúsculos pertenecientes a la milagrosa aparición de la bellísima imagen de Nuestra Señora de Guadalupe). 1787, 1–60 p.

271. *1787. Triduo devoto para disponerse a la fiesta de María Santísima de Guadalupe de México, con una breve noticia de su prodigiosa aparición*, Triduo de la Lengua Española, en que fue compuesto por un Sacerdote Mexicano, a la Toscana; y ahora de ella, por otro, vuelto al Castellano; que dan a luz sus devotos. (En: *Un devoto de la Señora*, Colección de obras y opúsculos pertenecientes a la milagrosa aparición de la bellísima imagen de nuestra Señora de Guadalupe). 1787, 311–347.

272. *1788.* Fuente, Andrés Diego, S.J., *Guadalupana B. Virginis Imago* . . . (Faventiae, 1788). Primera edición: 1773; cf. *supra*, núm. 224.

273. *1790.* Bartolache, José Ignacio, Doctor, *Manifiesto satisfactorio anunciado en la Gazeta de México* (Tomo I, Núm. 53), *Opúsculo Guadalupano* compuesto por el Dr. D. Joseph Ignacio Bartolache, natural de la

Ciudad de Santa Fé, Real y Minas de Guanajuato, México. (Impreso en México por D. Felipe de Zúñiga y Ontiveros, 1790). 7 h. 105 p. ilus.; cf. MAN, núm. 151.

274. *1791.* LÓPEZ MURTO, Antonio, O.F.M., *María Santísima exaltada en la América por el Cielo, la Tierra y el Infierno,* Sermón panegýrico, Que en la Función de acción de Gracias, después del solemne Novenario con que el M. Ilustre Ayuntamiento de San Luis Potosí celebra anualmente a su jurada Patrona María Santísima de Guadalupe. Predicó el día 7 de Mayo de 1791 en la Iglesia Parroquial de dicha Ciudad el R. P. Fray Antonio López Murto, Colegial de oposición en el de Propaganda Fide del Seráfico Dr. San Buenaventura de Sevilla . . . Quien lo dedica a los devotos de María Santísima de Guadalupe. (México, Por D. Felipe de Zúñiga y Ontiveros, 1791). 7 h. p., 21 p.; cf. MAN, núm. 152.

275. *1791. Nuevas constituciones y reglas, que la ilustre y venerable congregación de Nuestra Señora de Guadalupe, fundada Canónicamente en su Santuario extramuros de esta Ciudad, y erigida hoy en Insigne y Real Colegiata, ofrece a sus Congregantes que actualmente son, y demás Fieles que desean asentarse en ella para obsequio y servicio de tan Soberana Reyna,* Dáse también sumariamente noticia de todas las Gracias y Apostólicos Indultos que varios Sumos Pontífices le han concedido y nuevamente la Santidad de Nuestro Beatísimo Padre el Sr. Benedicto XIV (que de Dios Goce). (Reimpresos en la nueva imprenta madrileña de los Herederos del Lic. D. Joseph de Jáuregui, 1791). 45 p.; cf. MAN, núm. 153.

276. *1792.* LÓPEZ MURTO, Antonio, O.F.M., *La luz saludable de la América;* Sermón Panegírico de María Santísima de Guadalupe, Que predicó en la Iglesia Parroquial de la Ciudad de San Luis Potosí el día 14 de Septiembre de 1792, primero del Solemnísimo Triduo con que el M. I. Ayuntamiento celebró a su jurada Patrona, después de la novena acostumbrada, Su autor El R. P. Fr. Antonio López Murto, Colegial de Oposición en el de Propaganda Fide del Seráfico Doctor San Buenaventura de Sevilla . . . (México, Por D. Felipe de Zúñiga y Ontiveros, 1792). 19 p.; cf. MAN, núm. 154.

277. *1792.* TOLEDO, José Angel de, S.J., *Triduo in osseqvio di Maria Santissima di Guadalupe nel Messico Proposto a suoi Divoti in apparechio alla sua Festa, e per impetrare il suo potentissimo soccorso nei nostri bisogni,* Da un sacerdote con una breve relazione della di Lei prodigiosa Apparizione Dedicato alla stessa Immacolata Vergine María, Signum magnum apparuit in Caelo mulier amicta Sole & Luna sub pedibus ejus, Apoc.

XII.5. (In Roma, Per Michele Puccinelli a Tor Sanguigna Col permesso de Superiori, 1792). 32 p., 1 grab.; cf. MAN, núm. 155.

278. *1792*. Anónimo (anonymous), *Versitos para implorar la protección de Nuestra Señora de Guadalupe*. (Reimpresa en México; imp. de los herederos de Joseph de Jáuregui, año de 1792). No logramos averiguar la fecha de la primera edición. (We failed to ascertain the date of the first printing.)

279. *1793*. López Murto, Antonio, O.F.M., *El incomparable patronato Mariano*, Sermón Panegýrico de María Santísima de Guadalupe, que en su Santuario de la Ciudad de San Luis Potosí predicó el día 12 de diciembre de 1792 años. El R. P. Fr. Antonio López Murto, Colegial de oposición en el de Propaganda Fide del Seráfico Dr. San Buenaventura de Sevilla . . . (México, Por D. Felipe de Zúñiga y Ontiveros, 1793). 24 p.; cf. MAN, núm. 156.

280. *1794*. Núñez de Haro y Peralta, Alonso, *Nos el Dr. D. Alonso Nuñez de Haro y Peralta, por la Gracia de Dios y de la Santa Sede Apostólica Arzobispo de México, Caballero Gran Cruz, Prelado de la Real y Distinguida Orden Española de Carlos Tercero, del Consejo de S. M. &c.* (1794). 15 p.

281. *1794*. Valdés, José Francisco, O.F.M., *Salutación a María Santísima de Guadalupe*, Práctica devota para venerarla en su Santuario, quando se le hace su visita. Dispuesta por el R. P. Fr. Joseph Francisco Valdés, Religioso Descalzo de la Provincia de S. Diego de México. (México, Herederos de Don Felipe de Zúñiga y Ontiveros, 1794). 7 h.; cf. MAN, núm. 157.

282. *1794*. Vargas, Ignacio, Licenciado, *Elogio histórico de María Santísima de Guadalupe de México*, en tercetos endecasílabos, con notas instructivas y curiosas de lo escrito de la maravillosa aparición y milagros obrados hasta el día en beneficio del reyno . . . (México, Herederos de Joseph de Jáuregui, 1794). 26 p. ilus.; cf. MAN, núm. 158.

283. c. *1795*. *México (Arquidiócesis). Hacemos saber, que en la solemne festividad de la milagrosa aparición de María Santísima de Guadalupe, que se celebró en su Insigne y Real Colegiata el día 12 de diciembre del año anterior de 1794, predicó un sermón el P. Dr. Fr. Servando Mier* . . . en que oponiéndose a la recibida y autorizada tradición de dicha Santa Imagen, publicó una nueva y fingida historia . . . (México, 1795?). 15 p.; véase *infra*, núm. 284.

284. *1795*. Núñez de Haro y Peralta, Alonso, Ilmo., *Nos el dr. d. Alonso Núñez de Haro y Peralta, por la gracia de Dios y de la santa Sede apostólica Arzobispo de México . . . , a nuestros muy amados venerables hermanos el deán y Cabildo de nuestra Santa Iglesia Metropolitana . . . , y a todos los fieles de ambos sexos de esta ciudad y arzobispado . . . , salud, paz y gracia en N. S. J. C., México.* (1795). 15 p.; cf. MAN, núm. 160. Acaso los números 280, 283–284 son la misma obra. (Quite likely numbers 280, 283–284 are one and the same item.)

285. Solano y Marcha, José María, pbro., *Sermón moral, que en la rogación solemne hecha por los Cuerpos Militares de la guarnición Mexicana, para implorar los auxilios del Todopoderoso mediante la intercesión de María Santísima de Guadalupe a favor de las Armas de España en la presente Guerra contra la Francia,* Predicó en la Iglesia de su Insigne y Real Colegiata, con el Evangelio de nuestra señora de Belén, y expuesto el Señor Sacramentado, la Domínica tercera después de la Epifanía, día 25 de enero de 1795, el Dr. D. Joseph María Solano y Marcha, Cura propio y Juez Eclesiástico del Partido de Tizayuca. Sácanlo a luz los expresados Cuerpos Militares, quienes lo dedican al Exmo. Señor Don Miguel la Grua Talamanca y Branciforte, de los Príncipes de Carini, Marqués de Branciforte, Grande de España de primera clase, Cavallero Gran-Cruz de la Real Distinguida Orden Española de Carlos III, Consejero del Supremo Consejo de Guerra de Continua asistencia, Virrey, Gobernador y Capitán General de esta N. E. &c. &c. (México, Impreso en la Oficina de D. Mariano Joseph de Zúñiga y Ontiveros, 1795). 36 p.; cf. MAN, núm. 159.

286. *1796*. Fernández Uribe y Casarejo, José Patricio, pbro., y Omaña, Manuel, pbro., *Censura del Sermón predicado en el Santuario de Guadalupe por Fr. Servando Mier, Religioso del Orden de Predicadores.* (México, Imp. 1796). Cf. MAN, núm. 161.

287. *1796*. Francisco de San Cirilo, C.D., *Desempeños de la gratitud de María en su Soberana Imagen de Guadalupe,* Sermón que en su insigne y Real Colegiata predicó el día de la celebridad de su Aparición 12 de diciembre del año pasado de 1795. El R. P. Fr. Francisco de San Cirilo, dos veces Provincial de los Carmelitas Descalzos de esta Nueva España y actual Prior de su Convento en México. Calificador del Santo Oficio y Examinador Sinodal de este Arzobispado. Lo da a luz la Exma. Ciudad de México, y lo dedica a la misma Soberana Reyna y Señora Nuestra. (México, Por Don Mariano Joseph de Zúñiga y Ontiveros, 1796). 28 p.

288. *1796*. LARRAÑAGA, José Ignacio, pbro., *Obligación de los Americanos como especialmente favorecidos de María Santísima*, Sermón que en la Iglesia de la Insigne y Real Colegiata de Santa María de Guadalupe, en la solemne fiesta que anualmente celebra la Ilustre Congregación fundada en la misma Iglesia, pronunció el día 14 de diciembre de 1794. El Dr. D. Joseph Ignacio de Larrañaga, Colegial en el Real y más antiguo Colegio de San Pedro y San Pablo y San Ildefonso. Dánlo a luz los Señores Doctores D. Juan Eugenio Nieto y Don Francisco Beye Cisneros, Canónigos, el primero de Gracia y el segundo Doctoral de la misma Insigne y Real Colegiata, Comisario de la Obra de reparos de aquel Santo Templo, quienes lo dedican al Excmo. Sr. Marqués de Branciforte, Virrey, Gobernador y Capitán General de N. E. &c. &c. &c. (México, por D. Mariano de Zúñiga y Ontiveros, 1796). Cf. MAN, núm. 163.

289. *1796*. MUÑOZ, Juan Bautista, *Memoria sobre las apariciones y el culto de Nuestra Señora de Guadalupe de Mexico* . . . (Madrid, 1796).

290. *1796*. PUENTE, José Ignacio de la, pbro., *Sermón que en memoria de la Aparición de la Santísima Virgen de Guadalupe Dixo el día 12 de Diciembre del año de 1795 el Br. D. Joseph Ignacio de la Puente Sánchez Lodosa en la anual Fiesta que celebra la muy Ilustre y Leal Ciudad de Veracruz en su Iglesia Parroquial.* (México, Por D. Mariano Joseph de Zúñiga y Ontiveros, 1796). 26 p.; cf. MAN, núm. 164.

291. *1797*. CARRILLO Y PÉREZ, Ignacio, *Pensil americano florido en el rigor del invierno, la Imagen de María Santísima de Guadalupe, Aparecida en la Corte de la Septentrional América México*, En donde escribía esta Historia Don Ignacio Carrillo y Pérez, hijo de esta Ciudad y Dependiente de su Real Casa de Moneda, año de 1793. (México, Por D. Mariano Joseph de Zúñiga y Ontiveros, 1797). 132 p., 1 grab.; cf. MAN, núm. 165.

292. *1797*. PÉREZ DE ANASTARIS, Ramón, pbro., *Sermón, que en el día de la milagrosa Aparición de Nuestra Sra. de Guadalupe Dixo en su Santuario en el Mes de Diciembre del año pasado de 1796, El Dr. Ramón Pérez de Anastaris*, Capellán Párroco del Regimiento de Granada, Cura Propietario de S. Bartolomé Nausculpan (*sic*) en el Arzobispado de México . . . (Impreso en México en la Imprenta Madrileña del Br. D. Joseph Fernández de Jáuregui, 1797). 26 p.; cf. MAN, núm. 166.

293. *1797*. SARTORIO, José Manuel, pbro., *La Imagen de María triunfante de las aguas.* (Imp. en México por Ontiveros, 1797). Cf. MAN, núm. 167.

294. *1798.* VARGAS, Ignacio, Licenciado, *Elogio histórico de María Santísima de Guadalupe de México,* En tercetos endecasílabos, Con notas instructivas y curiosas de lo escrito de la Maravillosa Aparición y Milagros obrados hasta el día, en beneficio del Reyno. Dedicado a la Excelentísima Señora Doña Antonia María de Godoy y Alvarez, Marquesa de Branciforte, Dama de la Reyna nuestra Señora, de la Real Orden de María Luisa, y Virreyna de esta Nueva España &c. Por el Lic. Don Ignacio Vargas, Abogado de la Real Audiencia de este Reyno, de su Ilustre y Real Colegio y de Pobres de esta Corte, por Su Mag. (Q.D.G.) Corregido y añadido por el mismo. Con privilegios y licencias necesarias. (Reimpreso en México en la Oficina del Br. D. Joseph Fernández Jáuregui, 1798). 28 p. ilus., 2a. ed. Primera edición: 1794; cf. *supra,* núm. 282; MAN, núm. 168.

Impresos del siglo XIX

XIXth Century Imprints

295. *1801.* FERNÁNDEZ DE URIBE, José Patricio, pbro., *Disertación históri-cocrítica en que el autor del sermón que precede sostiene la celestial imagen de María Santísima de Guadalupe de México, milagrosamente aparecida al humilde neófito Juan Diego,* Escribíase por el año de 1778. (México, M. de Zúñiga y Ontiveros, 2 p. 1., 129 p., Nuestra Señora de Guadalupe, núm. 3, 1801). Cf. MAN, núm. 171.

296. *1801. Idem (same author), Sermón de Nuestra Señora de Guadalupe de México, predicado en su santuario el año de 1777 día 14 de diciembre en la solemne fiesta con que su ilustre congregación celebra su aparición milagrosa,* por el señor doctor y maestro d. Joseph Patricio Fernández de Uribe . . . (México, M. de Zúñiga y Ontiveros, 4 p. 1., 26 p., Nuestra Señora de Guadalupe, núm. 2, 1801).

297. *1802.* LEMA, José Antonio de, *Sermón panegyrico que en la solemne festividad anual de Nra. Sra. de Guadalupe de México, que hace la nobilísima ciudad* . . . dixo en su santo Templo el día 12, de diciembre del año de 1798, el sor. dr. d. Joseph Antonio de Lema . . . (México, Impreso en la Imprenta madrileña, 30 p., Sermones varios, v. 34, núm. 13, 1802).

298. *1802.* TOLEDO, José Angel de, S.J., *Breve relazione della prodigiosa Apparizione di Maria Santtissima detta di Guadalupe nel Messico, con un divoto triduo in apparechi alla sua Festa, e per impetrare il suo potentissimo soccorso nei nostri bisogni,* Da un Sacerdote dedicata alle Illmé. e Revmé. Madri Orsoline di Piacenza. (Impresso Giuseppe Tedeschi, 96 p., 1 grab., 1802). Cf. MAN, núm. 172.

299. *1803.* HEREDIA Y SARMIENTO, José Ignacio, *Sermón panegyrico de la gloriosa aparición de Nuestra Señora de Guadalupe,* que en el día 12 de diciembre de 1801 dixo en su santuario el Dr. D. Joseph Ignacio Heredia y Sarmiento . . . (Mexico?, Impr. de Doña M. Fernandez Jáuregui, 155 p., 5 ilus., mapa doblado, 1803).

300. *1803.* ZELAA E HIDALGO, José María, pbro., *Glorias de Querétaro en la fundación de la Congregación Eclesiástica de Presbíteros Seculares de María Santíssima de Guadalupe, que en otro tiempo escribió el Dr. D. Carlos de Sigüenza y Góngora.* (México, Zúñiga y Ontiveros, 235 p., 1803). Cf. MAN, núm. 173.

301. *1805. Gazeta de México: Sonetos a María Santísima de Guadalupe,* S. p. i., 12 p., Sin portada. (Suplemento de la Gazeta de México, t. 12; núm. 54, miércoles 11 de diciembre de 1805).

302. *1805*. TOLEDO, José Angel de, S.J., *Triduo di Divozione in Apparecchio alla Festa di Maria SSma. di Guadalupe nel Messico Che si celebra il giorno 21 Novembre.* (In Roma, Nella Stampería Giunchi Preso Carlo Mordachini. Con Permesso, 72 p., 1805). Cf. MAN, núm. 175.

303. *1805*. GORRIÑO Y ARDUENGO, Manuel María de, pbro., *Oración Eucarística que en la solemne acción de gracias que celebró la Ciudad de San Luis Potosí en su Iglesia Parroquial a María Santísima de Guadalupe del Santuario del Desierto, tres leguas distante de esta ciudad, el día 3 de Julio del año de 1805 por el pronto socorro de las aguas, alcanzado por la intercesión de esta Señora, predicó el Dr. D. Manuel María de Gorriño y Arduengo,* Lo da a luz D. Ignacio López, vecino de dicha ciudad. (México: En la Oficina de D. Mariano Zúñiga y Ontiveros, 26 p., 1805). Cf. MAN, núm. 174, donde la fecha de la impresión está equivocada (where the date of printing is wrong).

304. *1807*. DEZA, José María, *Aurora mexicana para saludar todos los días a Nuestra Madre y Señora María Santísima de Guadalupe,* 2a. impresion, Por Joseph María Deza . . . (México, Reimpresa en la Oficina de M. de Zúñiga y Ontiveros, 13 p., Papeles varios, v. 138, núm. 13., 1807). No se ha podido averiguar la fecha de la primera edición. (It has not been possible to ascertain the date of the first edition.)

305. *1808*. GURIDI ALCOCER, José Miguel, *Sermón predicado en la solemne función que celebró el ilustre y real Colegio de abogados de esta corte, en acción de gracias a su patrona Nuestra Señora de Guadalupe por la jura de nuestro católico monarca el señor don Fernando VII, hecha en 13 de agosto de 1808.* Lo pronunció en la Iglesia de San Francisco a 24 del mismo mes el dr. don José Miguel Guridi y Alcocer . . . (México, Impr. de Arizpe, 1 p. 1., 23 p., 1808).

306. *1808*. LIZANA Y BEAUMONT, Francisco Javier de, *Sermón que en las solemnes rogativas que se hicieron en la santa Iglesia metropolitana de México implorando el auxilio divino en las actuales ocurrencias de la monarquía española,* predicó en el día 18 de agosto de 1808, el Illmo. sr. don Francisco Xavier de Lizana y Beaumont, arzobispo de la misma ciudad . . . (México, María Fernández de Jáuregui, 3 p. 1., 25 p., 1808).

307. *1809*. DOMÍNGUEZ, Juan Francisco, *Singular privilegio de la sagrada imagen de Nuestra Señora de Guadalupe, Madre de Dios.* (México, Arizpe, 23 p., 1809).

308. *1810*. ALONSO Y RUIZ DE CONEJARES, Francisco, *Oda en gloria y alabanza de Nuestra Madre y Señora de Guadalupe, por los señalados favores con que nos regala, y esperamos nos continue especialmente en las circunstancias del día*. (México, Casa de Arizpe, 8 p., 1810).

309. *1810*. GURIDI ALCOCER, José Miguel, *Sermón de Nuestra Señora de Guadalupe predicado en la función del ilustre y real Colegio de abogados en san Francisco de México*, a 21 de diciembre de 1809 por el doctor don Josef Miguel Guridi Alcocer . . . (México, Casa de Arizpe, 1810).

310. *1810*. LÓPEZ Y TORRES, José Mariano, pbro., *Sermón panegírico-moral de María Santísima de Guadalupe*, que en el día de su solemnidad y en su santuario de la villa de Salamanca predicó en 12 de diciembre de 1809 el br. d. Joseph Mariano López y Torres . . . (México, Impreso en casa de Arizpe, 1810). 41 pp.; cf. MAN, núm. 178.

311. *1810*. ZELAA E HIDALGO, José María, pbro., *Adiciones a las glorias de Querétaro*. (Imp. en México por Arizpe, 1810). Cf. MAN, núm. 177. Estas adiciones se agregan a la obra reseñada *supra*, núm. 300. (These additions are added to the work listed under number 300 above.)

312. *1811*. CAMACHO, Antonio, *Sermón que el día último del solemne octavario . . . se celebró en esta santa Iglesia catedral de Valladolid, para desagraviar a la Santísima Virgen María de los ultrages que en su advocación de Guadalupe se le han hecho en esta última época con motivo de la insurrección en esta America septentrional*, predicó el lic. d. Antonio Camacho, cura propio y juez eclesiástico del Valle de Santiago en el mismo obispado, el 1º. de mayo de 1811 . . . (Mexico, M. J. de Zúñiga y Ontiveros, 1 p. l., 26 p., 2 l., Sermones varios, v. 42, núm. 6, 1811).

313. *1811*. BERISTÁIN DE SOUZA, José Mariano, pbro., *Declamación cristiana que en la solemne función de desagravios a María Santísima de Guadalupe celebrada en la iglesia del Convento grande de san Francisco de México por el comandante, oficiales y tropa del Segundo batallón de infantería de patriotas distinguidos de Fernando VII*, Dixo el día 28 de septiembre de 1811 el dr. d. Josef Mariano Beristáin de Souza . . . (México, Impr. de Arizpe, 5 p. l., 25 p., Sermones varios, v. 42, núm. 10, 1811).

314. *1811*. FERNÁNDEZ DE LIZARDI, José Joaquín, *La gloria de México en María Santísima de Guadalupe*, P. D. J. F. de L. (México, Impr. de María Fernández de Jáuregui, 1811).

315. *1811. Justo desagravio a Nuestra Señora de Guadalupe.* (Mexico, Impr. de Arizpe, 1811). 4 pp.

316. *1811.* LEZAMA, José de, *Exhortación de paz que, descubierta la infame revolución de tierra dentro, predicó el lic. don José de Lezama* . . . , en fiesta de María Santísima de Guadalupe, que celebró el convento de Señoras religiosas de santa Inés del Monte Policiano, para implorar su patrocinio, dedicándola un nuevo altar el 12 de enero de 1811. (México, M. de Zúñiga y Ontiveros, 1811).

317. *1811.* MENDIZÁBAL, Luis, *Poema Guadalupano análogo a las ocurrencias de la Insurrección causada por el Cura Hidalgo.* (Imp. en México por Arizpe, 1811). Cf. MAN, núm. 178.

318. *1811.* MENDÍZABAL Y ZUBIALDEA, Luis de, *Poema guadalupano en forma de idilio análogo a las ocurrencias del día* . . . (México, Casa de Arizpe, 16 p., 1811). Acaso idéntico con el anterior. (Quite likely the same as the preceding item.)

319. *1811.* TERÁN, José María, *Clamores de la América y recurso a la protección de María Santísima de Guadalupe en las presentes calamidades,* por d. Sejo Amira de Narte, (pseud.) . . . (Mexico, Impr. de Arizpe, 1811).

320. *1812.* BRINGAS DE MANZANEDA Y ENCINO, Diego Miguel, pbro., *Sermón que en la solemne función que en acción de gracias por la insigne victoria conseguida contra los insurgentes, en la toma del inexpugnable fuerte de Tenango del Valle, el sábado seis de junio de 1812* . . . , celebró en honor de María Santísima de Guadalupe, la division mandada por el señor don Joaquín del Castillo y Bustamante . . . , predicó . . . el trece de junio del mismo año, F. Diego Miguel Bringas . . . (México, Impr. de María Fernández de Jáuregui, 1812).

321. *1815.* LAZCANO, Francisco Javier, S.J., *Guadalupano zodíaco* . . . (México, Mariano Ontiveros, 1815). 55 pp. Primera edición: 1750; cf. *supra,* núm. 163.

322. *1815.* VALDÉS, José Francisco, *Día doce de cada mes consagrado a Nuestra Madre y Señora María Santísima de Guadalupe en veneración de su maravillosa aparición.* (Imp. de Ontiveros, 1815).

323. *1816. Officium in festo B. V. Mariae de Guadalupe mexicanae.* (Mexici, ex. typ. in via Sancti Dominici, 38 p., 1816).

324. *1817.* Muñoz, Juan Bautista, "Memoria sobre las apariciones y el culto de Nuestra Señora de Guadalupe de México", Leída en la Real Academia de la Historia por su individuo supernumerario Don Juan Bautista Muñoz, Madrid, 18 de abril de 1794, *Memorias de la Real Academia de la Historia,* Tomo V. (Imprenta de Sancha, Año de 1817), p. 205–224.

325. *1819.* Gómez Marín, Manuel, *Defensa Guadalupana,* escrita por el Dr. y Mtro, D. Manuel Gómez Marín, Presbítero del Oratorio de San Felipe Neri de Méjico, contra la disertación de D. Juan Bautista Muñoz. (Méjico, En la Imp. de D. Alejandro Valdés, 55 p., 1819). Cf. MAN, núm. 179.

326. *1819.* Valdés, Antonio Manuel, *Demostración del romance mudo,* Que el año de 1780 compuso . . . , a María Santísima de Guadalupe, (Reimp., 1 h. pleg., 1819). Primera edición (título análogo): 1780; cf. *supra,* núm. 238.

327. *1820. Elogio poético a los señores apologistas de N. S. de Guadalupe,* Agrégase una pequeña disertación sobre las apariciones de la Santísima Virgen, Por E. L. D. I. E. V. C. M. C. A. E. S. M. D. G. (México, Mariano Ontiveros, 11 p., 1820). F. M. C., *Corona de sonetos a Nuestra Madre y Señora María Santísima de Guadalupe.* (México, Alexandro Valdés, 1820). 9 pp.

328. *1820.* Guridi Alcocer, José Miguel, *Apología de la Aparición de Nuestra Señora de Guadalupe de Méjico en respuesta a la Disertación que la impugna* [de Juan Bautista Muñoz], Su autor el Dr. D. José Guridi Alcocer, Cura del Sagrario de la Catedral de dicha ciudad. (Méjico, 5 h., 201, 9 p., 1820).

329. *1820.* Veytia, Mariano, *Baluartes de México,* Descripción histórica de las cuatro milagrosas imágenes de Nuestra Señora, que se veneran en la muy noble, leal, e imperial ciudad de México, capital de la Nueva España, a los cuatro vientos principales, en sus extramuros, y de sus magníficos santuarios, con otras particularidades . . . , Obra póstuma, Dala a luz el R. P. Fr. Antonio María de San José. (Méjico, Alejandro Valdés, 89 p., 1820).

330. *1821.* Carranza, Francisco Javier, *La transmigración de la iglesia a Guadalupe;* sermón que el 12 de diciembre de 1748 años predicó en el templo de Nuestra Señora de Guadalupe de la ciudad de Santiago de Querétaro, el P. Prefecto Francisco . . . , Dalo a luz, Alfonso Manuel

Zorrilla y Caro . . . (Reimp., México, Mariano Ontiveros, 24 p., 1821). Primera edición: 1749; cf. *supra*, núm. 160.

331. *1821*. Fernández de Uribe, José Patricio, *Sermones de la Virgen; en sus imágenes del Pilar de Zaragoza y Guadalupe de Mégico;* Con una disertación de la milagrosa aparición de Guadalupe. (Madrid, Ibarra, 1821).

332. *1821*. García de Torres, José Julio, *Sermón de acción de gracias a María Santísima de Guadalupe, por el venturoso suceso de la independencia de la América septentrional,* predicado en su Santuario Insigne Imperial Colegiata, el 12 de octubre de 1821 . . . (México, Imp. Imperial de D. Alejandro Valdés, 31 p., 1821).

333. *1822*. Barreda y Beltrán, José María, pbro., *Sermón que en celebridad de la maravillosa aparición de Nuestra Señora la Santísima Virgen María de Guadalupe,* predicó en su santuario extramuros de la ciudad de la Puebla de los Angeles, el lic. d. José María Barreda y Beltrán . . . (Puebla, Impreso en la oficina de P. de la Rosa, Impresor del gobierno, 2 p. 1., 23 p., 1822).

334. *1822*. Mier, Servando, fray, *Manifiesto del sermón que predicó el P. Dr. Fr. Servando Mier en el Santuario de Nuestra Señora de Guadalupe,* el año de 1794. (México, José María Ramos Palomera, 8 p., 1822).

335. *1823*. Bárcena, Manuel de la, *Sermón exhortatorio que en la solemne función anual, que hace la imperial Orden de Guadalupe a su celestial Patrona,* predicó el exmo. ar. dr. d. Manuel de la Bárcena . . . , el día 15 de diciembre del año de 1822, en la Iglesia de San José el real de esta corte . . . (Mexico, Impr. del Supremo gobierno, 1823). 15 pp.

336. *1823*. Becerra Tanco, Luis, *Felicidad de México* . . . (México, Impr. del Supremo Gobierno, 1823). 104 pp. ilus. Primera edición: 1666; cf. *supra*, núm. 79; MAN, núm. 181.

337. *1823*. Fornarelli, Domingo, *Breve relazione della imagine della Madonna Santissima detta di Guadalupe del Messico.* (Verona, 1823). Primera edición: 1782 (Cesena); cf. *supra*, núm. 245; MAN, núm. 182.

338. *1824*. Toledo, José Angel, S.J., *Breve racconto istorico sulla miracolosissima Imagine di Maria SS. di Guadalupe nel Messico esposto per eccitare maggior divozione nei fedeli verso questa nostra cara Madre Maria coll'aggiunta di un devoto triduo a si gran Signora.* (Fermo, Dai Torchi del Pac-

casassi, Con Sup. Appr., 2 h. p., 21 p., 1 lám., 1824). Cf. MAN, núm. 183.

339. *1827.* MORALES, Juan, *Devoción a las cuatro apariciones de María Santísima en su advocación de Guadalupe.* (México, Imp. de las Escalerillas, 1827).

340. *1829.* BURGOS, Manuel de, O.P., *Sermón Panegírico de María Santísima de Guadalupe, que en la solemne función de los patriotas de Querétaro le hicieron en acción de gracias por los triunfos continuos que ha concedido a la patria,* en la ilustre y venerable congregación dijo: el 6 de enero de 1829 El R. P. Lector de Theología F. Manuel de Burgos, del Sagrado Orden de Predicadores, Publícase a solicitud y expensas de los mismos patriotas. (Querétaro, Imp. del C. Rafael Escandón, 1829). 28 pp.

341. *1829.* FORNARELLI, Domingo, *Relación breve de la prodigiosa aparición de María Santísima de Guadalupe de Méjico.* (Valencia, Monfort, 101 p., 1829). Primera edición: 1782 (Cesena); cf. *supra,* núm. 245; MAN, núm. 184.

342. *1831.* AGUIRRE, José María, *Voto del ciudadano doctor José María Aguirre, cura de la santa Veracruz de México, sobre el proyecto de solemnidad, que ha presentado la comisión nombrada por la Junta guadalupana, para promover y acordar los cultos que se han de tributar a Nuestra Señora de Guadalupe, por el cumplimiento de tres siglos de su maravillosa aparición.* (México, Impr., de A. Valdés, 15 p., 1831).

343. *1831.* BUSTAMANTE, Carlos María, *Manifiesto de la Junta Guadalupana a los mexicanos, y Disertación histórico-crítica sobre la aparición de Nuestra Señora en el Tepeyac.* (México, Alejandro Valdés, a cargo de J. M. C.). Cf. MAN, núm. 185.

344. *1831. Idem (same author), La venida de Nuestra Señora de Guadalupe a México, en celebridad de su aparición.* (México, 21 de noviembre, Alejandro Valdés, 8 p., 1831).

345. *1831.* LÓPEZ RODRÍGUEZ DE FIGUEREDO, Tomás Francisco, pbro., *Oración panegírica, que en la festividad que el escelentísimo Ayuntamiento del Distrito federal dedica anualmente a la Patrona de los Estados-Unidos Mexicanos, Santa María de Guadalupe,* dijo en su iglesia colegiata el día doce de diciembre de mil ochocientos treinta, el presbítero d. Tomás Francisco López, Rodríguez de Figueredo . . . (México, Impr. del Aguila, dirigida por J. Ximeno, 1831).

346. *1831.* Muzzarelli, Alonso, *Novena para prepararse a la festividad del Sagrado Corazón de María Santísima en su advocación de Guadalupe*, dispuesta por el Canónigo Alonso Muzzarelli teólogo de la Sagrada Penitenciaria y traducida del italiano por L. G. C. (México. Imp. del Ciudadano Alejandro Valdés, 1831). 56 p. (El trad. es el P. Luis G. Gutiérrez del Corral). Cf. MAN, núm. 187.

347. *1831.* Toledo, José Angel de, S.J., *Esercizi divoti alle miracolosa Immagine di Maria SSma. di Guadalupe nel Messico, con alcune brevi notizie intorno all'origine del culto e della divozione verso la medesima* (Roma, 1831).

348. *1832.* Sartorio, José Manuel, *Himnos.* Ed. póstuma (Puebla, 1832).

349. *1834. El gobernador del estado de Sonora a todos sus habitantes sabed: que el Congreso del mismo estado ha decretado lo que sigue: N. 14 . . . , Art. 1, Se declara patrona especial del Congreso de Sonora a nuestra Madre Santísima de Guadalupe . . .* (Arizpe, 1834).

350. *1835. Informe crítico-legal, dado al muy ilustre y venerable Cabildo de la santa iglesia metropolitana de México*, por los comisionados que nombró para el reconocimiento de la Imagen de Nuestra Señora de Guadalupe de la iglesia de San Francisco, pintada sobre las tablas de la mesa del Illmo. Sr. Obispo D. Fr. Juan de Zumárraga, y sobre la que puso su tilma el venturoso neófito Juan Diego, en que se pintó la Imagen de Nuestra Señora de Guadalupe, que se venera en la Colegiata de la ciudad de Hidalgo. (México, Testamentaría de Valdés, 26 p., 1835). Cf. MAN, núm. 188.

351. *1835.* Salvatierra y Garnica, Bernardino, *Métrica historia de la milagrosa aparición de Nuestra Señora de Guadalupe de México.* (México, Luis Abadiano y Valdés, 8 p., sin portada, 1835). Primera edición: 1737; cf. *supra*, núm. 132.

352. *1836.* Bustamante, Carlos María de, *El gran día de México*, 10 de diciembre de 1836. (México, Impr., de L. Abadiano y Valdés, 11 p., 1836).

353. *1836.* Gutiérrez del Corral, Luis G., pbro., *Sermón histórico-apologético de Nuestra Señora de Guadalupe*, predicado el día 12 de diciembre de 1833, en la santa iglesia catedral de la Puebla de los Angeles, por el Sr. cura D. Luis Gonzaga Gutiérrez del Corral . . . (Puebla, Impreso en la Oficina del Hospital de San Pedro). Cf. MAN, núm. 189.

354. *1837. Colección de noticias pertenecientes a la traslación de nuestra madre y señora María Santísima de Guadalupe de México.* (Reimp., Puebla, Of. Nal., 78 p., 1837). Se desconoce la primera edición. (The first edition is unknown.)

355. *1840.* BUSTAMANTE, Carlos María de, *La aparición de Ntra. Señora de Guadalupe de México, comprobada con la refutación del argumento negativo que presenta D. Juan Bautista Muñoz, fundándose en el testimonio del P. Fr. Bernardino Sahagún,* o sea: Historia original de este escritor, que altera la publicada en 1829 en el equivocado concepto de ser la única y original de dicho autor, publícala, precediendo una disertación sobre la aparición guadalupana, y con notas sobre la conquista de México. (México, Ignacio Cumplido, 247 p. ilus., 1840). Cf. MAN, núm. 190.

355a. *1841.* VALDÉS, José Francisco, Fray, *Día doce de cada mes consagrado a Nuestra Madre y Señora Santísima de Guadalupe de su maravillosa aparición,* por el religioso descalzo de la Provincia de San Diego . . . (México, Imprenta de Luis Abadiano y Valdés, 1841).

356. *1843?* Idem (*same author*), *A la Guadalupana: Poema* (Impreso? en México, 1843?) En: *Diario de lo especialmente ocurrido en México* (sept. 1841 a junio 1843), vol. 3, núm. 17.

357. *1843.* Idem (*same author*), *La aparición guadalupana de México, vindicada de los defectos que le atribuye Juan Bautista Muñoz en la disertación que leyó en la Academia de la Historia de Madrid, en 18 de abril de 1794, comprobada con nuevos descubrimientos.* (México, J. M. F. de Lara, 75 p. ilus., 1843). Cf. MAN, núm. 191.

358. *1843.* SARTORIO, José Manuel, *Novena en honor de la augustísima María de Guadalupe, madre de la santa esperanza* . . . (México, Imp. de las Escalerillas, Núm. 13, 24 p. ilus., 1843).

359. *1844.* CASTRO, Primo Feliciano, *Sermón que en la función que se celebró a María Santísima de Guadalupe en su santuario extramuros de la ciudad de San Luis Potosí,* predicó el Br. D. Primo Feliciano Castro, Cura Párroco de San Sebastián, el día 23 de Diciembre de 1843, en acción de gracias por el regreso a la República del Director de la Empresa Nacional en el Ramo de la Seda, D. Estevan Guenot. (San Luis Potosí, Imprenta del Gobierno en Palacio, a cargo de Ventura Carrillo, 13 p., 1844). Cf. MAN, núm. 192.

360. *1845*. CARRILLO Y PÉREZ, Ignacio, *Pensil americano florido en el rigor del invierno o aparición de la milagrosa Imagen de Guadalupe*. (México, Ed. Manuel de la Vega, 1845).

361. *1845*. RODRÍGUEZ DE SAN MIGUEL, Juan, *La República Mejicana . . .* (Méjico, 1845).

362. *1845*. VALDÉS, José Francisco, *Devocionarios para implorar el poderoso patrocinio de María Santísima en su soberana imagen de Guadalupe*, Dispuestos por el R. P. Fr. José Francisco Valdés, Religioso de la Provincia de S. Diego. (México, Imprenta de Luis Abadiano y Valdés, calle de las Escalerillas, número 13, v. 6, 202 p., 1845). Cf. MAN, núm. 193.

363. *1846*. GUTIÉRREZ DEL CORRAL, Luis G., pbro., *Sermón que en la solemne festividad de la Aparición de María Santísima de Guadalupe*, día 12 de Diciembre del corriente año, predicó en la Santa Iglesia Catedral de Puebla, Con las licencias necesarias. (Puebla, Imp. de Atenógenes Castillero, 1846). Cf. MAN, núm. 194.

364. *1847*. SAMPALLO, Ignacio, O.F.M., *Sermón Político-Religioso de María Santísima de Guadalupe*, que predicó en la Santa Iglesia Parroquial de S. Luis Potosí, en el día de acción de gracias de la conclusión del novenario llamado de las Flores, el R. P. Ex Definidor, Lector de Sagrada Teología y Presidente In Capite del Convento de San Francisco, Fr. Ignacio Sampallo. Lo publica la comisión del Exmo. Ayuntamiento encargada del culto del Santuario. (San Luis Potosí, Imprenta de M. Escontría, calle de la Filantropía N. 1, 11 p., 1847). Cf. MAN, núm. 195.

365. *1849*. TORNEL Y MENDÍVIL, José, Licenciado, *La aparición de Nuestra Señora de Guadalupe de México, comprobada con documentos históricos y defendida de las impugnaciones que se le han hecho*. (Orizava, José María Naredo, 2 t. en 1 v., 1849). Cf. MAN, núm. 196.

366. *1850*. CALAPIZ, Francisco, *Una hora de camino al santuario de Guadalupe*, Devocionario para dar gracias a la soberana Señora, por haber hecho cesar en esta ciudad los estragos del chólera-morbus. Dispuesto por Francisco Calapiz, quien lo dedica a la misma soberana Señora. (México, Impreso por A. Díaz, 24 p., 1850).

367. *1852*. CONDE Y OQUENDO, Francisco Javier, Canónigo, *Disertación histórica sobre la Aparición de la portentosa Imagen de María Sma. de Guadalupe de México*, por el Sr. D.D. Francisco Javier Conde y Oquendo,

canónico de la Sta. Iglesia Catedral de Puebla. (México, Imprenta de la Voz de la Religión. Calle de San Juan de Letrán, núm. 3, 1852).

368. *1853.* Alonso Ruiz de Conejares, Francisco de Paula, *La maravillosa aparición de Santa María de Guadalupe, o sea la Virgen Mexicana.* (México, R. Rafael, 214 p., 1853).

369. *1853.* Barros, Felipe Neri de, *Sermón predicado por el Dr. D. Felipe Neri de Barros* . . . , el 19 de diciembre de 1852 en la solemne función que el muy ilustre Colegio de abogados hace anualmente a su patrona María santísima de Guadalupe en la Iglesia de San Francisco de México . . . (México, Impr. de la Voz de la religión, 19 p., 1853).

370. *1853.* García Icazbalceta, Joaquín, *Boturini de Benaduci, Lorenzo: Artículo en el Diccionario Universal de Historia y de Geografía* (México, 1853).

370a. *1853. Estatutos de la Nacional y Distinguida Orden Mexicana de Guadalupe.* (México, Imprenta de Lara, Calle de la Palma, núm. 4, 1853).

371. *1854.* Muzzarelli, Alfonso, pbro., *Novena para prepararse a la festividad del Sagrado Corazón de María Santísima en su advocación de Guadalupe,* Dispuesta por el Canónigo Alfonso Muzzarelli, Teólogo de la Sagrada Penitenciaría, y traducida del italiano por L. G. C. (Aguascalientes, Imp. de J. M. Chávez, 64 p., 1854). Cf. MAN, núm. 199.

372. *1855.* Bello, Federico, *La Virgen de Guadalupe,* Poema por Don Federico Bello. (México, Impr. del Correo de España a cargo de A. Vázquez, 171 p., 1855).

373. *1856.* Ortiz, Jesús, *Sermón que predicó en el Santuario de Guadalupe de esta ciudad,* el día 14 de diciembre de 1856, en la solemnísima función que se hace todos los años a María Santísima de Guadalupe. (México, 1857).

374. *1857.* Barrio y Rangel, José María del, *Sermón predicado . . . en la solemne función que el comercio de México dedicó a María Santísima de Guadalupe, su augusta patrona,* el martes 6 de enero de 1857 en la iglesia de N. S. P. S. Francisco. (México, José Mariano Lara, 52 p., 1857).

375. *1858.* [Espinosa y Dávalos, Pedro], *Carta pastoral del Illmo. Sr. obispo de Guadalajara, en que se inserta la alocución de Su Santidad.* (Guadalajara, Rodríguez, 2 [i.e. 22] p., 1858).

376. c. *1859*. RIVERA, Agustín de, *Sermón de la Santísima Virgen de Guadalupe*, predicado en el Sagrario de Guadalajara el día 12 de diciembre de 1859. (Guadalajara, impreso 1859–1860?).

377. *1859*. SÁNCHEZ, José, *Sermón que en la insigne Colegiata de María Santísima de Guadalupe pronunció el 6 de febrero de 1859 el r. p. fr. José Sánchez*, predicador y lector de sagrada teología en el Convento de Churubusco, en la solemne acción de gracias que por las victorias obtenidas mandó celebrar el exmo. ar. general de división y presidente sustituto de la República Mexicana, d. Miguel Miramón . . . (México, Impr. de Abadiano, 1859). 12 pp.

378. *1860*. MUNGUÍA, Clemente de Jesús, Ilmo., Sermón que en la insigne y Nacional Colegiata de Nuestra Señora de Guadalupe, predicó el Ilmo. señor Doctor D. Clemente de Jesús Munguía, Obispo de Michoacań, el 29 de agosto de 1860, último día del solemne triduo que se hizo, implorando por la intercesión de la Santísima Virgen el socorro del Señor en las necesidades presentes. Dado a luz, Por algunas personas interesadas en su publicación. (Imprenta de Mariano Villanueva, México, Calle de Capuchinas número 10. 1860).

379. *1860*. *Idem* (*same author*), *Sermón de Ntra. Sra. de Guadalupe*, predicado en su insigne y nacional colegiata el 12 de marzo de 1859, en la función que anualmente le hace por su turno la diócesis de Michoacán. (México, Andrade y Escalante, 74 p., 1860).

380–381. *1862*. BECERRA TANCO, Luis, *Felicidad de México* . . . (México, 1862: reimp. con un devocionario que contiene los rezos que hay en pequeño para comodidad de los fieles, M. Murguía). 266 pp. ilus. Primera edición: 1666; cf. *supra*, núm. 79.

382. *1862*. ROSA, Agustín de la, pbro., *Sermón de María Sma. de Guadalupe, patrona principal de la República Mejicana*, que en el Templo de la Soledad predicó en la función que los alumnos del Seminario, que la eligieron Patrona de sus estudios, hicieron en su festividad del día 12 de diciembre de 1862. (Guadalajara, Imp. de Dionisio Rodríguez, 16 p., 1862). Cf. MAN, núm. 200.

383. *1864*. MUNGUÍA, Clemente de Jesús, Ilmo., *Sermón predicado en Nuestra Señora de Guadalupe*, el 29 de agosto de 1860. (México, Mariano Villanueva, 56 p., 1864).

384. *1866*. Becerra Tanco, Luis, *Felicidad de México* . . . (México, Imp. de Murguía, 1866). Primera edición: 1666; cf. *supra*, núm. 79; MAN, núm. 201.

385. *1869*. *Sociedad católica de la nación mexicana*, El centavo de nuestra Señora de Guadalupe. (México, Imp. de I. Cumplido, 6 p., Texto en azteca y español, introducción dirigida a "Hermanos míos los indios" y firmada por Faustino Chimalpopoca, 1869).

386. *1870*. *Officium Parvum Beatae Mariae Virginis* (Hebraice, Graece, Latine, Hispanice, Anglice, Gallice, Germanice, Italice): *Virgo Guadalupensis / Mater Mexicanorum / Sedes Sapientiae / Ora pro nobis*, etc. etc. Cum Facultate Ordinarii. (Mexici, Ex Typographia Joseph M. Lara, in via vulgo Palma 4, 1870).

387. *1870*. Sotomayor, José Francisco, *Reflecciones sobre la aparición de la Santísima Virgen de Guadalupe, en México*. (Zacatecas, Tip. Económica de Mariano R. de Esparza, 166 p., 1870). Cf. MAN, núm. 202.

388. *1871*. Nicoselli, Anastasio, *Relación histórica de la admirable aparición de la Virgen Santísima Madre de Dios Bajo el título de Ntra. Sra. de Guadalupe, Acaecida en México el año de 1531*, Traducida del latín en italiano Para universal edificación de los Devotos de la misma Santísima Virgen Por Anastasio Nicoselli. Dedicado al Rmo. P. Fr. Ramón Capisucchi, Maestro del Sacro Palacio: impresa en Roma a expensas del Tinassi, en el año de 1681, y últimamente traducida en nuestro idioma Castellano por un presbýtero de este Arzobispado devoto suyo. (Impresa en México: calle de la Palma, 26 p., 1871). Primera edición (italiana): 1681; cf. *supra*, núm. 93. Primera edición (castellana): 1781; cf. *supra*, núm. 242.

389. *1872*. *Diálogo sobre la historia de la pintura en México*. (s.p.i., 1872). Discute la Imagen Guadalupana. (Discusses the Guadalupan Image).

390. *1874*. Alcocer, Bernabé, pbro., *Sermón panegírico de Ntra. Sra. de Guadalupe*, predicado en su mismo santuario el 12 de Diciembre de 1872. (San Luis Potosí, 11 p., Tít. tomado de los pareceres, 1874). Cf. MAN, núm. 203.

391. *1875*. Mier, Servando Teresa de, *Cartas del Doctor Fray Servando Teresa de Mier al cronista de Indias Doctor D. Juan Bautista Muñoz, sobre la tradición de Ntra. Sra. de Guadalupe de México*, escritas desde Burgos,

año de 1797. (México, Imp. de "El Porvenir", Calle del Calvario núm. 7, 243 p., 1875). Cf. MAN, núm. 204.

392. *1875*. RIVERA Y SANROMÁN, Agustín de, *Sermón de la Santísima Virgen de Guadalupe*, predicado . . . en el Sagrario de Guadalajara el día 12 de diciembre de 1859. 3 ed. (San Juan de los Lagos, José Martín, 12 p., Sus Estudios, t. 1, 1875). Edición anterior: 1859–1860?; cf. *supra*, núm. 376.

393. *1876*. BELLO, Federico, *Anuario en honor de Ntra. Sra. la Santísima Virgen de Guadalupe, precedido de una relación histórica de su milagrosa aparición*, Devoción para el día 12 de cada mes, México, Ignacio Escalante, 42 p., ilus., 1876.

394. *1877?* RIVERA Y SANROMÁN, Agustín de, *Sermón de Nuestra Señora de Guadalupe*, predicado en el Santuario de Nuestra Señora de San Juan de los Lagos el día 12 de Diciembre de 1876. (México, 1877?). Cf. *supra*, núm. 392.

395. *1877*. BECERRA TANCO, Luis, *Mes guadalupano, o el mes de diciembre consagrado a honra y culto de María Santísima de Guadalupe*, Ed. que comprende el breve de S.S. Benedicto XIV declarándola patrona de la nación mexicana y los testimonios de su milagrosa aparición. (México, Imp. en la Calle de San Nicolás núm. 18, 395 p., 1877).

396. *1877*. COLUNGA, Jesús M., pbro., *Sermón de la Santísima Virgen de Guadalupe, patrona principal y abogada de México*, predicado por el Sr. Cura de S. Sebastían D. Jesús M. Colunga en el santuario de San Luis Potosí el 12 de diciembre del año de 1876. (San Luis Potosí, Tip. de Silverio Ma. Vélez, 15 p., 1877).

396a. *1877*. Anónimo, *Officia a Smo. domino nostro Pio Papa IX novissime concessa tertiique nocturni lectiones pro sexta die infra octavam B.V.M. de Guadalupe, suffragia sanctorum necnon exemplarium kalendarii perpetui angelopolitani reformati*, Continens de licentia ordinarii ad usum V. Capituli et cleri saecularis hujus dioeceseos, editum. (Angelopoli, T. F. Neve, 31 p., 1877).

397. *1877*. ENRÍQUEZ, Martín, Virrey, *Carta al Rey Felipe II*, 15 de mayo de 1575; cf. *supra*, núm. 57. Se publicó por primera vez en *Cartas de Indias* (Madrid, 1877), pp. 305–314; cf. VLA, 15 n. 32.

398. *1878. Breve reseña de la fundación de la capilla de Nuestra Señora de Guadalupe de Santa Fe.* (Imp. de "El Santafesino" marzo, cit. por Anticoli, 1878). Cf. MAN, núm. 206.

399. *1878.* ZARAGOZA, Justo de, *Noticias históricas de Nueva España.* ([s. i.], 1878).

400. *1879.* ANTICOLI, Esteban, S.J., *Privilegios e indulgencias que los Pontífices romanos concedieron al Santuario de Ntra. Sra. de Guadalupe de México,* Con licencia de la Autoridad Eclesiástica. (México, Imp. Católica, 12 p., 1879). Cf. MAN, núm. 207.

401. *1880–1883.* RIVERA CAMBAS, Manuel, *México pintoresco, artístico y monumental.* (Imprenta de La Reforma, México, 1880–1883).

402. *1880.* SEDANO, Francisco, *Noticias de México.* (1880).

403. *1881?* ZIMMER, *Histoire de Notre Dame de Guadeloupe.* (cit. por Anticoli). 300 p., 1881? Cf. MAN, núm. 208.

404. *1882.* ANTICOLI, Esteban, S.J., *La Virgen del Tepeyac,* disertación sobre la aparición de Nuestra Señora de Guadalupe en México. (Puebla, Imp. del Colegio Pío de Artes, 96 p., 1882). Cf. MAN, núms. 209–210.

405. *1883.* ALVAREZ PRIETO, Fernando, *La Virgen del Tepeyac, historia, leyenda y tradiciones referentes a la maravillosa aparición de la Virgen Nuestra Señora de Guadalupe de Mexico.* (Barcelona-México, J. F. Parrés y Cía., Ed., 2 t., Tomo I, 867 p., Tomo II, 990 p., 1883). Cf. MAN, núm. 211.

406. *1883.* ANTICOLI, Esteban, S.J., *El Patronato Nacional de la Virgen del Tepeyac,* Compendio histórico por un sacerdote residente en esta arquidiócesis. (Guadalajara, Tip. de Ancira y Hno., ant. de Rodríguez, 82 p., 1883).

407. *1883.* BECERRA TANCO, Luis, *Felicidad de México . . .* (Litografía Española, México, 1883). Primera edición: 1666; cf. *supra,* núm. 79; MAN, núm. 213.

408. *1883.* FUENTE, Vicente de la, *Vida de la Virgen María con la historia de su culto* [y apéndice: Opúsculo sobre la aparición de Nuestra Señora de

Guadalupe, por varios autores]. (México, Biblioteca Religiosa, Histórica, Científica y Literaria, 524, 133, 6 p., 1883).

409. *1883*. GONZÁLEZ, José Antonio, Canónigo, *Apología de las apariciones de Nuestra Señora de Guadalupe de México*. (Carta original? s.p.i., octubre, 1883).

410. *1884*. ANTICOLI, Esteban, S.J., *La Virgen del Tepeyac patrona principal de la Nación Mexicana*, compendio histórico-crítico por un sacerdote residente en esta Arquidiócesis. (Guadalajara, Tip. de Ancira y hno., Santo Domingo núm 13, 369 p. ilus., 1884).

411. *1884*. FUENTE, Vicente de la, *Vida de la Virgen María; con la historia de su culto*. (México, Bibl. de Jurisprudencia, 2 t. en 1 v. ilus., 1884). Edición anterior: 1883; cf. *supra*, núm. 408.

412. *1884*. GONZÁLEZ, José Antonio, Canónigo, *Santa María de Guadalupe, patrona de los mexicanos,* La verdad sobre la aparición de la Virgen del Tepeyac, Opúsculo escrito por X para extender el culto y amor a Ntra. Sra. Lleva un prólogo escrito por el Sr. Lic. D. Luis Gutiérrez Otero, y va adornado con una lámina, litografiada. (Guadalajara, Tip. de Ancira y Hno., Antigua de Rodríguez, Calle de Santo Domingo núm. 13, 381, XX, 3 p., 1 lám., 1884). Cf. MAN, núm. 215.

413. c. *1884*. *Petición-Auto-Testamento*, Sermón del P. Zepeda, portada p. 23, 24, 25 y 26. (En Labastida y Dávalos, Pelagio Antonio, *op. cit.*, c.1884).

414. *1884*. ANTICOLI, Esteban, S.J., *La Virgen del Tepeyac, patrona principal de la nación mexicana*. (Guadalajara, 1884).

415. *1885*. *Idem* (*same author*), *La Virgen del Tepeyac*, compendio histórico de la aparición de Nuestra Señora de Guadalupe por un padre de la Compañía de Jesús. (Las Vegas, N. M., Imp. de la Revista Católica, 168 p., 1885). Cf. MAN, núm. 216.

416. *1885*. Anónimo, *Album Guadalupano* (México, Edición Debray Sucs., 1885).

417. *1886?* Anónimo, *Visita a la Santísima Virgen de Guadalupe*. [s. l.]. 18 p.; en el lomo (on the dorso): *Devocionario* (1886?).

418. *1887.* Anónimo, *Coronación de Nuestra Señora de Guadalupe. ¡Viva la Reina!* (México, Antigua Imprenta de Murguía, 1887).

419. *1887.* Rosa, Augustino de la, *Dissertatio Historico-Theologica de Apparitione B.M.V. de Guadalupe* (Guadalaxarae, in Typographia Narcisi Parga, 1887).

420. *1887.* Anticoli, Esteban, S.J., *Officium et Missa B.V.M. de Guadalupe, Primariae patronae nationis mexicanae.* (Queretari, Tip. Commercii, 27 p., 1887). cf. MAN, núm. 218.

421. *1887.* Becerra Tanco, Luis, *Felicidad de México . . .* (México, Murquía, 1887). Primera edición: 1666; cf. *supra*, núm. 79; MAN, núm. 217.

422. *1887.* Mora y Daza, José María, *Cuarta carta pastoral que el Illmo. Sr. Lic. D. José María Mora y Daza, dignísimo obispo de la diócesis de Puebla, dirige a sus dicesanos,* publicando la pastoral colectiva de los Sres. arzobispos sobre la coronación de la imagen de Nuestra Señora de Guadalupe de México. (Puebla, Colegio de P. de Artes, 16 p., 1887).

423. *1887.* Cuevas, José de Jesús, *La Santísima Virgen de Guadalupe,* Opúsculo . . . (México, Círculo Católico, 189 p., 1887).

424. *1887.* Chávez, Gabino, *Novena y visita a María Santísima de Guadalupe para rogar por la nación mexicana,* dedicada a los católicos que tienen la dicha de contemplarla. (México, Francisco Díaz de León, 56 p., 1887).

425. *1887.* Mier Noriega y Guerra, José Servando Teresa de, *Cartas del doctor fray Servando Teresa de Mier al cronista de Indias, doctor d. Juan Bautista Muñoz, sobre la tradición de Nuestra Señora de Guadalupe de México,* escritas desde Burgos, ciudad de España, año de 1797. (Ed. del "Periódico oficial", Monterrey, Impr. del gobierno, 246 p., Obras completas del doctor José Eleuterio González, t. 4, pte. 1, 1887).

426. *1887.* Montes de Oca y Obregón, Ignacio, Ilmo., *Edicto del obispo de San Luis Potosí sobre la coronación de Nuestra Señora de Guadalupe.* (San Luis Potosí, Imprenta de Dávalos, 9 p., 1887). Cf. MAN, núm. 220.

427. *1887.* Portales, J. Joaquín, *Triduo que a la Santísima Virgen, Sta. María de Guadalupe, dedica su autor J. Joaquín Portales.* (Litografía e Imprenta de M. Esquivel y Ca., 12 p., 1887). Cf. MAN, núm. 221.

428. *1887*. Torre, Juan de la, Licenciado, *La Villa de Guadalupe, su historia, su estadística y sus antigüedades*, Opúsculo ilustrado con siete estampas y un plano topográfico. (México, Imp. de I. Cumplido, 54 p., láms., 1887). Cf. MAN, núm. 223.

429. *1887*. Vera, Fortuno Hipólito, *Tesoro guadalupano*, Noticia de los libros, documentos, inscripciones & que tratan, mencionan o aluden a la Aparición y devoción de Nuestra Señora de Guadalupe. (Amecameca, Imp. del Colegio Católico, 2 v., 1887–1889). Cf. MAN, núm. 224.

430. *1888*. Becerra Tanco, Luis, *Felicidad de México* . . . (México, Imp. del "Círculo Católico", 1888). Primera edición: 1666; cf. *supra*, núm. 79; MAN, núm. 225.

431. *1888*. Carrillo y Ancona, Crescencio, *Carta de actualidad sobre el milagro de la aparición guadalupana en 1531*. (Mérida de Yucatán, Imp. Mercantil a cargo de José Gamboa Guzmán, 17 p., 1888).

432. *1888*. Cuevas, José de Jesús, *La Santísima Virgen de Guadalupe*, opúsculo escrito por J. de J. Cuevas. (México, Imp. del "Círculo Católico", 192 p., 1888). Cf. MAN, núm. 226.

433. *1888*. García Icazbalceta, Joaquín, *De B.M.V. apparitione in Mexico sub titulo de Guadalupe exquisitio historica*, 65 p., trad. latina de la carta de J.G.I. hecha por el Sr. Andrade y editada por el mismo en México, en 1888 en la imp. de D. Epifanio Orozco. Cf. MAN, núm. 228.

434. *1888*. Montúfar, Alonso de, O.P., *Información que el arzobispo de México D. Fray Alonso de Montúfar mandó practicar con motivo de un sermón que en la fiesta de la Natividad de Nuestra Señora (8 de septiembre de 1556) predicó en la capilla de San José de Naturales del Convento de San Francisco de México su Provincial Fray Francisco de Bustamante, acerca de la devoción y culto de Nuestra Señora de Guadalupe*. (Madrid, Imprenta de la Guirnalda, Calle de las Pozas núm. 12, IX, 54, 23 p., 1888). Cf. MAN, núm. 229.

435. *1888*. Nicoselli, Anastasio, *Cenni storici sulla miracolosa imagine di N. S. di Guadalupe*. (Roma, 25 p., 1888).

436. *1888*. *Nuestra Señora de Guadalupe*, tradición de sus milagrosas apariciones. (México, Círculo Católico, 13 p., 1888).

437. *1888. Reseña histórica del augusto misterio de la Virgen de Guadalupe, patrona de México*, seguida de su novena, el triduo preparatorio, los gozos y otras devotas oraciones. (México, Hispano-Mexicana, 80 p., 1888).

438. *1888.* TERRAZAS, José Joaquín, *La bandera guadalupano-patriótica*, escrita bajo las inspiraciones de la poesía, de la historia, de la política, de la ciencia, de la filosofía y de la religión. (México, Sagrado Corazón de Jesús, 228 p. ilus., 1888).

439. *1889.* VERA, Fortuno Hipólito, *Informaciones sobre la milagrosa aparición de la Santísima Virgen de Guadalupe*, recibidas en 1666 y 1723, publicadas por el Presbítero Fortuno Hipólito Vera . . . (Amecameca, "Imprenta Católica" a cargo de Jorge Sigüenza, 253 pp., 1 p. 1889).

440. *1890.* COCCI, José María, Teatino, *Panegírico de Nuestra Señora de Guadalupe*, predicado en Roma en la insigne colegiata y basílica parroquial de S. Nicolás in carcere Tulliano por el Rev. D. José María Cocci procurador general de los Clérigos Regulares Teatinos. (Roma, Imprenta Poliglota de la S.C. de Propaganda Fide, 23, (1) p., trad. del italiano por Rosendo Benedí, 1890). Cf. MAN, núm. 231.

441. *1890.* LABRADOR Y RUIZ, Antonio, S.J., *La Virgen Purísima Nuestra Señora de Guadalupe y la nación mexicana*, con licencia eclesiástica. (Barcelona, Tip. Católica, 71, (2) p., 1890). Cf. MAN, núm. 232.

442–443. *1890.* PÉREZ, Eutimio, *Ciertos aparicionistas, obrando de mala fé; 1° inventan algunos episodios, 2° desfiguran otros y 3° mancillan las reputaciones mejor sentadas.* (Cuilapam, 1 v., 1890).

444. *1891.* VERA, Fortuno Hipólito, *Información que el arzobispo . . . mandó practicar con motivo de un sermón que en la fiesta de la Natividad de Nuestra Señora, 8 de septiembre de 1556, predicó en la capilla de San José de los Naturales del Convento de San Francisco de Méjico, el provincial Fr. Francisco de Bustamante acerca de la devoción y culto de Nuestra Sra. de Guadalupe.* (2a. ed., México, Ireneo Paz, 13, 188, 3 p., 1891). Reseñamos el ms. (We list the ms.): *supra*, núm. 27.

445. *1891.* REYNOSO, Manuel, *Reseña de la peregrinación y función solemne que la Sagrada Mitra de Querétaro celebró el día 8 del actual en la Iglesia de Capuchinas cerca de la Colegiata de Nuestra Señora de Guadalupe*, escrita por Manuel Reynoso. (Querétaro, Escuela de Artes, 27 p., 1891).

446. *1891*. VERA, Fortuno Hipólito, *Sermón predicado en el Templo de Capuchinas, residencia actual de la Santísima Imagen Guadalupana*, el día 8 de septiembre en la solemnísima función de la peregrinación de Querétaro celebrando de pontifical el Illmo. y Rmo. Sr. Dr. D. Rafael S. Camacho dignísimo obispo de la diócesis . . . (Querétaro, Escuela de Artes, 20, 28 p., 1891). Cf. MAN, núm. 236.

447. *1891*. BECERRA TANCO, Luis, *Aparición de Nuestra Señora de Guadalupe*, tradición escrita por . . . (México, Ed. Juan Valdés y Cueva, 1891). Cf. MAN, núm. 234.

448. *1891*. BOBAN, Eugène, *Documents pour servir à l'histoire du Mexique. Catalogue raisonné de la collection de M.E. Eugène Goupil (Ancienne collection J.M.A. Aubin)*, 2 vols. (Paris, 1891). Reseña documentos guadalupanos de suma importancia. (This works lists Guadalupan documents of the highest importance.) Cf. BMQ, *passim*.

449. *1892*. ANTICOLI, Esteban, S.J., *Algunos apuntamientos en defensa de la Virgen del Tepeyac contra una obra recién impresa en México.* (México, Círculo Católico, 40 p., 1892). Cf. MAN, núm. 237.

450. *1892*. *Idem (same author)*, *El magisterio de la iglesia y la Virgen del Tepeyac*, por un sacerdote de la Compañía de Jesús. (Querétaro, Escuela de Artes, 7, 173 p., 1892). Cf. MAN, núm. 238.

451. *1892*. DUARTE, Luis G., *Impugnación a la memoria de D. Juan Bautista Muñoz contra la gloriosa aparición de Ntra. Sra. de Guadalupe y breve respuesta a las objeciones de los editores de Madrid sobre el mismo asunto en el denominado libro de sensación.* (México, Opúsculos guadalupanos, núm. 1, 62 p., 1892).

452. *1892*. VERA, Fortuno Hipólito, *Contestación histórico-crítica en defensa de la maravillosa aparición de la Santísima Virgen de Guadalupe, al anónimo intitulado: Exquisitio histórica, y a otro anónimo también que se dice Libro de Sensación.* (Querétaro, Escuela de Artes, 15, 715 p. ilus., 1892). Cf. MAN, núm. 241.

453. *1892*. CHÁVEZ, Gabino, pbro., *Catecismo de controversia guadalupana* (México, 1892). Cf. MAN, núm. 239.

454. *1892*. LABRADOR RUIZ, Antonio, S.J., *La Virgen Purísima Nuestra Señora de Guadalupe y la Nación Mexicana.* Con licencia eclesiástica, 2ª ed. (Einsiedeln, Suiza, Benziger & Co., 1892). Cf. MAN, núm. 240.

455. *1893*. GARCÍA ICAZBALCETA, Joaquín, *Exquisitio histórica*, anónimo escrito en latín sobre la aparición de la R.V.M. de Guadalupe. (Jalapa, Tipografía de Taloina, 47 p., 1893). Cf. MAN, núm. 245.

456. *1893*. *La diócesis de Querétaro en la octava peregrinación al Santuario del Tepeyac llevada a cabo el 2 de julio del presente año de 1893.* (Querétaro, Escuela de Artes, 30 p., 1893).

457. *1893*. *Edicto, Se pedía la cooperación de los sacerdotes y de los fieles para continuar las obras materiales de la Colegiata de Nuestra Señora de Guadalupe.* (México, 16 de julio, 1893).

458. *1893*. VERA, Fortuno Hipólito, *Gracias y privilegios concedidos por los sumos pontífices a la devoción y culto de la Santísima Virgen de Guadalupe.* (México, Círculo Católico, 24 p., 1893).

459. *1893*. ANDRADE, Vicente de P., Canónigo, *Los Capitulares de la Insigne Nacional Colegiata Parroquial de Santa María de Guadalupe. Datos biográficos*, por . . . (México, Antigua Tip. de Orozco, Escalerilla 13, 1893). Cf. MAN, núm. 242.

460. *1893*. ANTICOLI, Esteban, S.J., *Defensa de la Aparición de la Virgen María en el Tepeyac*, escrita por un sacerdote de la Compañía de Jesús contra un libro impreso en México en el año de 1891. (Puebla, Imp. del Col. Pío de Artes y Oficios. Bóvedas de la Compañía, núm. 8, 1893). Cf. MAN, núm. 243.

461. *1893*. CHÁVEZ, Gabino, *Mes de María Guadalupana.* (México, Herrera y Compañía, 1893). Cf. MAN, núm. 244.

462. *1894*. ALARCÓN, Próspero María, Ilmo., *Carta pastoral del Ilmo. señor doctor don Próspero María Alarcón, Arzobispo de México, con motivo del nuevo rezo concedido por la Santa Sede en honor de Nuestra Señora de Guadalupe.* (México, Imp. del Sagrado Corazón de Jesús, Sepulcros de Santo Domingo núm. 10, 10 p., 1894).

463. *1894*. Anónimo, *Carta relativa al nuevo oficio de María Santísima de Guadalupe*, se publicó también en El Mensajero del Sagrado Corazón, Segunda serie, t. 14, junio de 1894.

464. *1894*. Anónimo, *La diócesis de Querétaro en su novena peregrinación al Santuario del Tepeyac verificada el 2 de julio del presente año de 1894.* (Querétaro, Escuela de Artes, 36 p., 1894).

465. *1894*. Ortiz, José de Jesús, Ilmo., *El Ilmo. Sr. obispo de Chihuahua al V. clero y fieles de su diócesis con motivo de la carta dirigida por Ntro. S.S. Padre el Sr. León XIII al episcopado mexicano*, Chihuahua, octubre de 1894. (Chihuahua, Imprenta de "El Norte", 14 p., colección Terrazas, 1894).

466. *1894*. Muro, Manuel, *Historia del Santuario de Guadalupe de San Luis Potosí*, por . . . (San Luis Potosí, Tip. de Dávalos, Segunda de Catedral núm. 4, 1894). Cf. MAN, núm. 246.

467. *1894*. *Sacra Rituum Congregatione Emo. ac Rmo. Domino Cardinali Vincentio Vannutelli Relatore Mexicanae concessionis et approbationis officii proprii in honorem B.M.V. de Guadalupe Patronae primariae Mexicanae regionis instantibus archiepiscopis et episcopis omnibus Mexicanae ditionis.* (Romae, Typis Perseverantiae, 1894). Cf. MAN, núm. 247.

468. c. *1894*. Labrador y Ruiz, Antonio, S.J., *La Virgen Purísima Señora de Guadalupe* . . . , 3ª ed. (Einsiedeln). Edición anterior: 1690; cf. *supra*, núm. 441.

469. *1895*. Anónimo, *Album de la coronación de la Sma. Virgen de Guadalupe.* Reseña del suceso más notable acaecido en el Nuevo Mundo, Noticia histórica de la milagrosa aparición y del Santuario de Guadalupe, desde la primera ermita hasta la dedicación de la suntuosa basílica, culto tributado a la Santísima Virgen desde el siglo XVI hasta nuestros días. Guía histórico-descriptiva de Guadalupe Hidalgo para uso de los peregrinos y de los viajeros. (Ed. de "El Tiempo" de Victoriano Agüeros, 2 t. en 1 v. ilus., México 1895).

470. *1895*. Anónimo, *Alianza Evangélica de la Ciudad de México*, Exquisitio histórica sobre la aparición de la B.V.M. de Guadalupe. (México, Evangélica, 60 p., Título falso: *Apuntes históricos y críticos sobre la aparición de la Virgen de Guadalupe*, 1895). Esta obra trata de la *Exquisitio histórica* de Joaquín García Icazbalceta; cf. *supra*, núm. 455.

471. *1895*. *A los peregrinos; recuerdo de la peregrinación.* (Octubre, [s.p.i.,] 8 p., 1895).

472. *1895*. Carrillo y Ancona, Crescencio, *Panegírico de Nuestra Señora de Guadalupe en la singular y solemne fiesta de su coronación celebrada el 12 de octubre de 1895 en su nacional e insigne Colegiata de México.* (Mérida, R. Caballero, 10, 49 p., 1895).

473. *1895. Anónimo, Ceremonial para la coronación de María Santísima de Guadalupe*, pequeño manual para asistir a las fiestas de la coronación y ceremonial que se ha de observar en ella . . . (México, Librería Católica y Estampería Religiosa de José I. Gloria, 88 p., 1895).

474. *1895.* León, Nicolás, *Album de la coronación de la Santísima Virgen de Guadalupe.* (México, Imprenta de "El Tiempo" de Victoriano Agüeros, 1895).

475. *1895.* Pérez, Ponciano, *Sermón predicado en la insigne colegiata de la Soberana Reina de los mexicanos, Santa María de Guadalupe*, el 14 de octubre de 1895, con motivo de las solemnísimas festividades que se hicieron para celebrar la coronación canónica de su Santa Imagen . . . (México, Tip. Guadalupana de Reyes Velasco, 22p. 1895).

476. *1895. Profesión de fe en la maravillosa aparición de la Sma. Virgen de Guadalupe.* (México, Guadalupana de Reyes Velasco, 6 p., 1895).

477. *1895. Anónimo, Recuerdo de la Coronación de la Virgen de Guadalupe.* Reseña histórica de la Villa de Guadalupe desde los tiempos de la Conquista hasta nuestros días. Descripción de las obras de la Colegiata, de la Gran Corona Imperial, etc. La Capilla del Pocito. El lugar donde está enterrado Juan Diego. Valiosos donativos hechos a la Colegiata. Crónica general de las solemnes fiestas, etc. Obra muy interesante para todo (*sic*) los que visiten la Villa de Guadalupe. Ilustrada con varios grabados. (México, Imprenta, Encuadernación y Litografía de Ireneo Paz, Segunda del Relox número 4, 1895).

478. *1895.* Becerra Tanco, Luis, *Aparición de Nuestra Señora de Guadalupe* (México, Tip. de "El Tiempo" de Victoriano Agüeros, 1895). Edición anterior: 1891; cf. *supra*, núm. 447.

479. *1895.* Florencia, Francisco de, S.J., *Estrella del Norte* . . . Nueva edición con prólogo del Dr. D. Agustín de la Rosa. (Guadalajara, 1895). Primera edición: 1688: cf. *supra*, núm. 103; MAN, núm. 250.

480. *1895.* Carrillo y Pérez, Ignacio, *Pensil Americano florido en el rigor del invierno: La Imagen de María Santísima de Guadalupe aparecida en la Corte de la Septentrional América, México*, en donde escribía esta historia Don . . . , hijo de esta ciudad y dependiente de su Real Casa de Moneda, año de 1793. (Impreso en México, por D. Mariano Joseph de Zúñiga y Ontiveros, calle del Espíritu Santo, año de 1797 y impreso en

los Talleres de la Librería Religiosa, Calle de Tuburcio, núm. 18, 1895).

481. *1895*. VERES ACEVEDO, Laureano, Ilmo., *Práctica de la peregrinación.* Escrita por un sacerdote de la Compañía de Jesús. (México, Imp. del Sagrado Corazón de Jesús). Acaso obra del P. Esteban Anticoli, S.J. (Quite likely a work of Father Anticoli.) Cf. MAN, núm. 253.

482. *1895. Idem* (*same author*), *Sermón de Nuestra Señora de Guadalupe . . .* 1ª edición . . . (Cuernavaca, Luis G. Miranda, 1895). Véase el título completo *infra*, núm. 483. Cf. MAN, núm. 254.

483. *1895. Idem* (*same author*), *Sermón de Nuestra Señora de Guadalupe, que ante su milagrosa imagen depositada en el Templo de Capuchinas, contiguo al Santuario del Tepeyac . . .* , en el tercer día de las solemnísimas fiestas celebradas los días 8, 9 y 10 de julio de 1894, con motivo de la concesión del novísimo oficio y misa propia el 6 de marzo del mismo año, celebrando de pontifical el Ilmo. y Rmo. Sr. D. Rafael Camacho, 2a. ed. (México, Sagrado Corazón de Jesús, 52 p., 1895). Cf. MAN, núm. 255.

484. *1895*. VILLASECA, José María, *Sermón predicado en la insigne Colegiata de Nuestra Señora de Guadalupe . . .* , sobre el estado actual de los indios y su conversión, el 28 de octubre de 1895 . . . (México, Religiosa, 14 p., 1895).

485. *1895*. PAPA LEON XIII, *Dísticos Guadalupanos* (*Guadalupan Distichs*):

> Mexicum heic populus mira sub imagine gaudet
> Te colere, Alma Parens, praesidioque frui.
> Per te sic vigeat felix, teque auspice Christi
> Immotam servet firmior usque fidem.

Los compuso Su Santidad "para la Augusta Imagen de Nuestra Señora de Guadalupe y los tradujo el Ilmo. Sr. D. Pedro Loza, arzobispo de Guadalajara:

En admirable Imagen	Feliz y floreciente
¡O santa Madre nuestra!	Por Ti así permanezca,
El pueblo mexicano	Y mediante el auxilio
Gozoso te venera,	Que benigna le prestas
Y tu gran patrocinio	La fe de Jesucristo
Con gozo y gratitud experimenta.	Inmutable conserve con firmeza.

Cf. VLA, 267. Traducción inglesa (English translation): *infra*, núm. 807.

486. *1896.* García Icazbalceta, Joaquín, *Apparitiones in Mexico*, subtítulo de *Guadalupe Exquisitio histórica*, sin p.i., Investigación histórica y documental sobre la aparición de la Virgen de Guadalupe de México. (México, 1896).

487. *1896.* Idem (*same author*), *Carta acerca del origen de la imagen de Nuestra Señora de Guadalupe de México*, escrita por d. Joaquín García Icazbalceta al Ilmo. sr. arzobispo d. Pelagio Antonio de Labastida y Dávalos, seguida de la carta pastoral que el señor arzobispo de Tamaulipas don Eduardo Sánchez Camacho dirigió al mismo eminente prelado. (México, 1896). Cf. MAN, núm. 262.

488. *1896.* Carrillo y Ancona, Crescencio, *D. Joaquín García Icazbalceta y la historia guadalupana;* carta escrita por Crescencio Carrillo y Ancona. (Mérida, México, Gamboa Guzmán, 12 p., 1896). Cf. MAN, núm. 258.

489. *1896.* Chávez, Gabino, *La aparición guadalupana demostrada por los últimos ataques de sus enemigos*, Observaciones sobre la carta atribuída al Sr. D. Joaquín García Icazbalceta. (Guadalajara, Católica de A. Zavala, 54 p., 1896). Cf. MAN, núm. 259.

490. *1896. La diócesis de Querétaro en la solemne coronación de su augusta Madre Santa María de Guadalupe y décima peregrinación al Santuario del Tepeyac, en 13 de octubre de 1895.* (Querétaro, Escuela de Artes, 26 p., 1896).

491. *1896.* Alarcón y Sánchez de la Barquera, Próspero María, Ilmo., *La última palabra sobre la maravillosa aparición de la Sma. Virgen de Guadalupe,* folleto escrito y publicado por orden de S.S.I. el Sr. Arzobispo de México. (México, 54 p., 1896).

492. *1896.* Luque y Ayerdi, Miguel Mariano, *Edicto con relación a la maravillosa aparición de Nuestra Señora de Guadalupe.* (1896).

493. *1896. Anónimo, Observaciones de un lector imparcial a la carta del señor don Joaquín García Icazbalceta contra la aparición guadalupana.* (México, Imprenta Guadalupana de Reyes Velasco, Calle del Correo Mayor núm. 6, 55 p., 1896).

494. *1896.* Palazuelos, Mateo C., *Observaciones de un lector imparcial a la carta del Sr. D. Joaquín García Icazbalceta contra la aparición guadalupana.* (México, Imp. Guadalupana de Reyes Velasco, 55 p., 1896).

495. *1896*. Rosa, Agustín de la, *Defensa de la aparición de Ntra. Sra. de Guadalupe y refutación de la carta en que la impugna un historiógrafo de México*. (Guadalajara, Luis G. González, 50 p., 1896).

496. *1896*. *Idem* (*same author*), "Defensa de la aparición de Nuestra Señora de Guadalupe y refutación de la carta en que la impugna un historiógrafo de México", Imp. de Luis G. González. (Guadalajara, Jal., 1896, En *Boletín Bibliográfico*, Servicio de la Sociedad de Historia Eclesiástica Mexicana, Año I, núm. 1, marzo de 1977, p. 1, 2, 3).

497. *1896*. Sánchez Camacho, Eduardo, *Interesantísimas cartas sobre la aparición de la imagen de Guadalupe*, escritas por Eduardo Sánchez Camacho, por Joaquín García Icazbalceta y por Xavier Baldragas. (Ed. de la Patria, [s. 1.] Ireneo Paz, 80 p., 4 Bibl. de La Patria, 1896).

498. *1896*. Anónimo, *Triduo in onore di Maria Santissima di Guadalupe*, colla relazione della origine, culto e solenne incoronazione nel Messico con alcune brevi notizie intorno al Miracolo verificatosi l'anno 1796 in una sua sacratissima immagine che si venera in Roma nella Perinsigne Basilica Collegiata di San Nicola al Carcere Tulliano, Roma. (Unione Cooperativa Editrice, 31 p. ilus., 1896).

499. *1896*. Carrillo y Ancona, Crescencio, Ilmo., *Vigesimaprimera carta pastoral del ilustrísimo señor doctor don Crescencio Carrillo y Ancona . . .* , sobre el centenario del portentoso milagro de Nuestra Señora de Guadalupe verificado en Roma el año de 1796. (Mérida de Yucatán, Gamboa Guzmán, 9 p., 1896).

500. *1896*. *Album de la coronación de la Santísima Virgen de Guadalupe*, segunda parte. Reseña histórica de las fiestas con que se celebró aquella solemnidad, con un apéndice en que constan en su mayor parte los sermones predicados en la Colegiata y los discursos leídos en la velada que se verificó en honor de la Santísima Virgen de Guadalupe. Edición de "El Tiempo" adornada con ilustraciones. Con la aprobación y bendición del Ilmo. Sr. Arzobispo de México. (México, Imprenta de "El Tiempo" de Victoriano Agüeros, Editor. Calle de la Cerca de Santo Domingo, núm. 4, 1896). Cf. *supra*, núm. 469.

501. *1896*. Tercero, Juan Luis, *La causa guadalupana. Los últimos veinte años (1875–1895) con el final de la coronación de la celeste Imagen del Tepeyac*. Apéndice sobre la carta antiguadalupana del Sr. García Icazbalceta. Disertación del Lic. D. Juan Luis Tercero. (Victoria, Imp. del Go-

bierno del Estado en Palacio, dirigida por Víctor Pérez Ortiz, 1896). Cf. MAN, núm. 279.

502. *1897.* Anticoli, Esteban, S.J., *Historia de la aparición de la Sma. Virgen María de Guadalupe en México, desde el año de 1531 al de 1895*, por un sacerdote de la Compañía de Jesús . . . (México, Tip. y lit. "La Europea" de Fernando Camacho, 2 v., 1897). Cf. MAN, núm. 272.

503. *1897.* Chávez, Gabino, *Falso sentido atribuido a un decreto del Santo Concilio Tridentino, por el Doctor Don Agustín Rivera, (Controversia Guadalupana).* (Guadalajara, México, Tip. Católica de A. Zavala y Comp., 49 p., 1897).

504. *1897.* Anónimo, *Duodécima peregrinación y función de la diócesis de Querétaro en la Colegiata del Tepeyac en honor de la Santísima Virgen María de Guadalupe el día 2 de julio de 1897.* (Querétaro, Escuela de Artes, 10 p., 1897).

505. *1897.* Rivera Cambas, Manuel, *Sermón que en la Colegiata del Tepeyac en la solemne función que celebró a la Santísima Virgen María de Guadalupe la diócesis de Querétaro el día 2 de julio de 1897*, predicó . . . (Querétaro, Escuela de Artes, 17 p.)

506. *1897.* Un Sacerdote de la Compañía de Jesús, *Historia de la aparición de la Sma. Virgen María de Guadalupe en México*, desde el año de 1801 al de 1895. (México, La Europea, 2 v., 1897). Acaso el autor es (quite likely the author is): Anticoli, Esteban, S.J. Cf. MAN, núm. 272.

507. *1897.* Peñafiel, Antonio, *Colección de documentos para la Historia Mexicana* (México, 1897). Contiene documentos sobre el distrito de Guadalupe. (It contains materials concerning the Guadalupe district.) Cf. VLA, 7 n. 19.

508. *1897.* Labrador y Ruiz, Antonio, S.J., *Novena a la Virgen Purísima de Guadalupe* . . . 3ª ed. (México, 1897). Véanse nuestras referencias anteriores. (See our earlier references.) Cf. MAN, núm. 273.

509. *1897.* Veres Acevedo, Laureano, *Rosario Guadalupano o corona de alabanzas en honor de Ntra. Señora de Guadalupe.* 2ª ed. (México, Imp. del Sagrado Corazón de Jesús, Calle de Meleros, Antigua Plaza del Volador, 1897). Desconocemos la primera edición de la obra. (The first edition of this work is unknown.) Cf. MAN, núm. 274.

510. *1897.* C.Cʜ., Presbítero, *La pintura humana sobrepuesta en el Lienzo Guadalupana.* Estudio en contestación a una carta correctoria, por . . . (Guadalajara, Tip. Católica de A. Zavala y Cía., Placeres 68, 1897).

511. *1898.* Vᴇʀᴇs Aᴄᴇᴠᴇᴅᴏ, Laureano, *Rosario Guadalupano* . . . (San Luis Potosí, reimp. en la Tip. de Rafael B. Vélez). Cf. *supra*, núm. 509; MAN, núm. 275.

512. *1898.* Sᴀɴᴛᴏsᴄᴏʏ, Alberto, *Reseña de la solemne fiesta en la cual renovó el Comercio de Guadalajara la jura del Patronato especial de Ntra. Sra. de Guadalupe.* (Guadalajara, 1898).

513. *1898.* Sɪɢüᴇɴᴢᴀ ʏ Gᴏ́ɴɢᴏʀᴀ, Carlos de, pbro, *Piedad heróica* . . . (México, La Semana Católica, 1898). Primera edición: 1689; cf. *supra*, núm. 104.

514. *1899.* Aɴᴅʀᴀᴅᴇ, Vicente de P., *Ensayo bibliográfico mexicano del siglo XVII.* (México, 1899).

515. *1899. Crónica de la función que en la Insigne y Nacional Colegiata de Guadalupe, celebraron los ingenieros, ensayadores, arquitectos y maestros de obras, el día 5 de octubre de 1899* . . . (México, El Tiempo, 42 p., 1899).

516. *1899.* Pᴇɴ̃ᴀꜰɪᴇʟ, Antonio, *Cantares Mexicanos*, en *Colección de Documentos para la Historia Mexicana* (México, 1899). VLA, 62 n. 4, señala los elementos guadalupanos (points out the Guadalupan material).

517. *1899.* Aɴᴛɪᴄᴏʟɪ, Esteban, S.J., *Novena, triduo y deprecaciones a Nuestra Señora de Guadalupe.* (Orizaba, Tip. Católica, 1899). Cf. MAN, núm. 277.

518. c. *1899.* Cᴏʏᴇᴛᴛᴇ, *Notre Dame de Guadeloupe* (Abbeville). Cf. MAN, núm. 278.

Impresos del siglo XX

XXth Century Imprints

519. *1900.* ANTICOLI, Esteban, S.J., *Novena, triduo y deprecaciones* . . . (Puebla, Tip. de "La Misericordia Cristiana", 1900). Cf. *supra*, núm. 517.

520. *1900.* ROSA, Felipe de la, *Oda. In honorem Santissimae Mariae Virginis de Guadalupe, Mexicanorum Patronae dilectissimae.* (1900).

521. *1901.* Anónimo, *Preces tomadas del reglamento de la Congregación de Nuestra Señora de Guadalupe establecida en la Iglesia de la Compañía de la ciudad de Oajaca.* (Puebla, Tip. "Misericordia Cristiana", 1901).

522. *1902.* Anónimo, *Actualidades.* Número especial dedicado a la Santísima Virgen de Guadalupe. (México, Ignacio Escalante, 1902, 54 p. ilus.).

523. *1902.* Anónimo, *Decreto de erección de la Archicofradía de Nuestra Señora de Guadalupe.* (México, Tip. Guadalupana de Reyes Velasco, Calle del Correo Mayor, núm. 7, 1902).

524. *1904.* BECERRA TANCO, Luis, *Aparición de Nuestra Señora de Guadalupe tradición escrita.* (Puebla, Imp. de Arturo Pérez, 1904). 24 p.

525. *1904.* GARCÍA CUBAS, Antonio, *El libro de mis recuerdos* (México, 1904). VLA, 298, señala los elementos guadalupanos (points out the Guadalupan references).

526. *1904.* VIRAMONTES, Manuel P., pbro., *Sta. María de Guadalupe. Sermón predicado por . . . en la solemne función de Arquidiócesis de Linares, N. León, celebrada el día 12 de agosto del año de 1898 en la Insigne Nacional Colegiata de Ntra. Sra. de Guadalupe de México.* 2ª ed. (Tip. "La Industria", Bartolo de J. Leal, Cadereyta Jiménez). Cf. MAN, núm. 280.

527. *1905.* VALVERDE TÉLLEZ, Emetrio, *Discurso en la velada con que se solemnizó la primera década de la coronación de la Santísima Virgen de Guadalupe,* el 12 de octubre de 1905. (En el Seminario Conciliar de México, 1905). 33 p.

528. *1906.* SANTIBAÑEZ, Manuel, *Oración fúnebre, en las solemnes exequias que por las almas de los pontífices, obispos, sacerdotes y fieles propagadores del culto guadalupano se celebraron en el Templo de la Profesa al terminar la primera década de la coronación de la portentosa imagen de Nuestra Señora de Guadalupe el 13 de octubre de 1905.* (México, Imp., Enc. y Rayados, 1906.) 20 p.

529. *1908*. ANDRADE, Vicente de Paula, Canónigo, *Estudio histórico sobre la leyenda Guadalupana* (México 1908). Estudio y texto en THG, 1287–1337.

530. *1909*. YUNG, Ernesto, *Nossa Senhora de Guadalupe na Jureia, Santa Cruz*. (Revista dos Salesianos de Sao Paulo, Dez. de 1909).

531. c. *1909*. VIRAMONTES, Manuel P., *¡En el Tepeyac! Sermón predicado por . . . con motivo de la solemne función que en su peregrinación al Tepeyac, celebraron unidas las diócesis de San Luis Potosí y Tamaulipas el día 12 de noviembre del año de 1909*. [s.p.i.]. Cf. MAN, núm. 281.

532. *1910*. Anónimo, *Edicto diocesano*, 26 de septiembre de 1910, acerca del juramento del Patronato Nacional de la Santísima Virgen de Guadalupe, p. 37.

533. *1910*. GAMBARELLI, Federico, pbro., *Nostra Signora di Guadalupe venerata in Albino (Bergamo)*. 2ª ed. (Genova, Tip. Carlo Mascarello, 1910). Se desconoce la primera edición. (The first edition is unknown.) Cf. MAN, núm. 282.

534. *1910*. MARTÍNEZ AGUILAR, Apolonio, pbro., *Teoamoztle in nextilzitli in to cihuatlatoca in Guadalupe tlacuilole nahuanenepili quenime ama motlatoa Potocsi in Huaxtecapan ipan tlatocatecpizque Apoloniotzin Martinez ihaun Aguilar. San Luis Potosinaco zontitoc macuilpoali xihuitl in amonahuatiliztli in Mexico. Matlacpoali chiucnahuipoali matlactli. Libro de la Aparición de Nuestra Señora de Guadalupe escrito en lengua mexicana tal como al presente se habla en la Huaxteca Potosina*, por . . . (San Luis Potosí, 1910). Ed. bilingüe. Cf. MAN, núm. 283.

535. *1910*. Anónimo, *Reseña de la 25ª peregrinación de la Diócesis de Querétaro al Tepeyac*. (Querétaro, Imp. Económica, 1910). Cf. MAN, núm. 284.

536. *1910*. ROSSI, Anton Domenico, pbro., *La B.V. di Guadalupe in S. Stefano d'Aveto*. Note e documenti. (Chiavari, 1910). Cf. MAN, núm. 285.

537. *1910*. VERES ACEVEDO, Laureano, *Guirnalda de Flores Guadalupanas o corona de alabanza en honor de Nuestra Señora de Guadalupe*. 3ª ed. (México, Imp. dirigida por J. Aguila Vera, 1910). Cf. MAN, núm. 286.

538. *1911*. BECERRA TANCO, Luis, *Nuestra Señora de Guadalupe. Tradición de sus milagrosas apariciones*. (México, Antigua Imprenta de Murguía, Avenida del 16 de septiembre, 54, 1911). Cf. MAN, núm. 287.

539. *1911*. HEREDIA, Carlos M. de, S.J., *Sermón predicado en la función que los doctores de México dedicaron a Nuestra Señora de Guadalupe el día 17 de septiembre de 1911*. (México, Imp. de José Ignacio Durán y Cía., 1911). Cf. MAN, núm. 288.

540. *1911*. Anónimo, *Edicto diocesano*, 7 de octubre de 1911, sobre el restablecimiento de la festividad del precepto de la Santísima Virgen de Guadalupe, p. 37.

541. *1911*. Anónimo, *Nuevas Constituciones y Reglas que la ilustre y venerable Congregación de Nuestra Señora de Guadalupe, fundada canónicamente en su Santuario extramuros de la Ciudad de México*. Promovido primero a Insigne, Real y Nacional Colegiata y elevado últimamente a la excelsa dignidad de Basílica Manor, ofrece a sus Congregantes que actualmente son, y demás fieles que desean asentarse en ella, para obsequio y servicio de tan Soberana Señora. Dáse también el Sumario de gracias e indulgencias concedido por Nuestro Smo. Padre el Papa Pío X y el Breve de León XIII (que de Dios goce) elevándola a la dignidad de Archicofradía universal. (México, Tip. de la viuda de F. Díaz de León Sucs. Avenida 5 de Mayo y Motolinía, 1911).

542. *1912*. ORTIZ, José de Jesús, Ilmo, *Carta pastoral del Ilmo. y Rmo. Sr. Arzobispo Lic. D. José de Jesús Ortiz*, con motivo de la consagración de la Iglesia Mexicana al Sacratísimo Corazón de Jesús, por la mediación de la Sma. Virgen María de Guadalupe, acto que se verificará el día 12 del próximo octubre. (Guadalajara, El Regional, 1911). 8 p.

543. *1912*. Anónimo, *Edicto diocesano de la Sagrada Mitra de Querétaro*, con ocasión de la festividad nacional que debe celebrarse el 12 del próximo diciembre en honor de nuestra insigne patrona y abogada, la Santísima Virgen María, en su mexicana advocación de Guadalupe. (Querétaro, Económica, 1912). 12 p.

544. *1912*. BECERRA TANCO, Luis, *Die Erscheinung unserer lieben Frau von Guadalupe*. (Guadalajara, Tip. Loreto y Ancira Cía., 1912). Traducción libre al alemán por (free rendering into German by) P.L. Zuber, S.J. Cf. MAN, núm. 289.

545. *1912*. NICOSELLI, Anastasio, *Brevi Notizie intorno all'origine del culto e della divozione verso la miraculosa immagine di Maria Santissima detta di Guadalupe nel Messico*. 2ª ed. (Roma, Libreria della Vera Roma di Enrico Filiziani, Via dell'Orso, 28, Palazzo Carafa, 1912). Cf. MAN, núm. 290.

546. *1912*. Carrasco, Gonzalo, S.J., *Triduo a Nuestra Señora de Guadalupe. (Para los nuestros).* (México, Imp. de "El Mensajero del Corazón de Jesús", 1912). Cf. MAN, núm. 291.

547. *1912*. Anónimo, *Narración documentada de la Primera Peregrinación Nacional que hicieron las Congregaciones Marianas a Santa María de Guadalupe en la ciudad de México a 7 de agosto de 1910 y ensayo de Congreso Mariano habido en la misma ocasión. AMDG et BMVI.* (Guadalajara, Escuela Tipográfica Salesiana, 1912). Cf. MAN, núm. 292.

548. *1912*. Vega, Luis, S.J., *Our Lady of Guadalupe, Protectress of Latin America.* (Dublin, Catholic Truth Society of Ireland, 1912). Cf. MAN, núm. 293.

549. *1912. Testamentos de varios Indios,* publicados en los núms. 4 y 10 de la *Democracia Cristiana* (Tulancingo, Hidalgo, en junio y diciembre de 1912). Cf. VLA, 13–14 n. 10.

550. *1913*. Garibi Tortolero, Manuel, *Primer ensayo de estadística de templos y altares guadalupanos,* por . . . (Tip. y Enc. "El Regional", 1913). 35 p. Cf. MAN, núm. 296.

551. *1913*. Anónimo, *La Santísima Virgen María y la Conquista,* conferencia histórica dedicada a la Academia filosófico-teológica de Santo Tomás de Aquino. (1913). p. 34.

552. *1913*. Dallas, Pedro, S.J., *Historia de Ntra Sra de Guadalupe extractada de la grande obra del P. E. Anticoli, S.J., por la Revista Católica.* (Las Vegas, N.M., Imp. de la "Revista Católica", 1913). Cf. MAN, núm. 294.

553. *1913, Anónimo, Doce minutos en compañía de María Santísima de Guadalupe.* (San Luis Potosí, Imp. Moderna, 1913). Cf. MAN, núm. 295.

554. *1913*. Anónimo, *I.H.S. Breve crónica de la Segunda Peregrinación Nacional y Primer Congreso de las Congregaciones Marianas de la República.* (México, Imp. "Compañía Industrial Ascorve y Gayoso". Oficinas: Av. de los Hombres Ilustres 15, 1913). Cf. MAN, núm. 297.

555. *1914*. García Gutiérrez, Jesús, *La capilla del Cerrito de Guadalupe,* apuntamientos históricos recogidos y ordenados, 4ª. ed. (México, Franco-Mexicana, 1914). 62 p. ilus.

556. *1914.* CARRIÓN, José Ricardo, S.J., *Carta abierta a Santa María de Guadalupe.* El Apostolado suplica encarecidamente al lector la circulación de este folleto. (México, Imp. dirigida por Juan Aguilar Vera, 1914). Cf. MAN, núm. 298.

557. *1914.* MIER Y TERÁN, José, S.J., *Sermón de Ntra. Señora de Guadalupe predicado en la fiesta de la Congregación de Guadalajara.* (Guadalajara, Tip. "El Regional", 1914). Cf. MAN, núm. 299.

558. *1915, Anónimo, Ecos del Tepeyac, reseña histórica sobre Valeriano y sobre Tanco.* Historia de la aparición. Fechas memorables, la Virgen de Guadalupe y los últimos pontífices, edición arreglada por padres de la Compañía de Jesús. (París, Catalán Hermanos, 1915). 50 p. ilus. Cf. MAN, núm. 300.

559. *1915.* LABRADOR RUIZ, Antonio, *¡Glorificámoste! Novena para prepararse a celebrar la festividad de la Aparición de la Santísima Virgen María de Guadalupe y con el fin de obtener de su misericordia alguna gracia especial.* 3ª ed. (México, S.J., 1915). Cf. MAN, núm. 301.

560. *1916.* ESCULPI, Reinaldo S., pbro., *Nuestra Señora de Guadalupe: Historia de su milagrosa Aparición según lo narra Lasso de la Vega. Noticia acerca del R.P. López, S.J., y de su influencia en la institución canónica del culto de Nuestra Señora de Guadalupe en América,* por . . . (Caracas, Tip. La Religión, 1916). Cf. MAN, núm. 302.

561. *1917.* BENÍTEZ CABAÑAS, Luis, Ilmo., *Meditaciones acerca de Nuestra Señora de Guadalupe. Que pueden servir para los cinco domingos en su honor,* por un Padre de la Compañía de Jesús. (México, Imp. "Compañía Industrial Ascorve y Gayoso", 1917). Cf. MAN, núm. 303.

562. *1917.* CASTRO, Pedro Pablo M., pbro., *Sermón predicado por . . . en el Santuario de Nuestra Señora de Guadalupe de San Luis Potosí, el 20 de mayo de 1888, al concluir el Novenario con que se cumple anualmente el voto hecho por el Clero y Pueblo potosinos el año de 1771. Lo publica la Junta encargada del culto en el mismo templo.* (San Luis Potosí, Imp. de Mariano Guerra, 1917). Cf. MAN, núm. 304.

563. *1918. Anónimo, Circular,* 19 de septiembre de 1918, sobre la entronización de Nuestra Señora de Guadalupe en la Diócesis de León, p. 38.

564. *1918*. GUILLÉN, Carlos M., *Nuestra Señora de Guadalupe y el Papa Benedicto XV, La fiesta de la Esperanza en el Vaticano*. ([s.p.i.], 1918). 10 p.

565. *1918*. GARIBI TORTOLERO, Manuel, *Catecismo popular guadalupano explicado*. 1ª ed. publicado por "El Eco Guadalupano". (Guadalajara, 1918). Cf. MAN. núm. 305.

566. *1919*. DÁVILA GARIBI, J. Ignacio, *El guadalupanismo del Dr. D. Agustín de la Rosa*, discurso del licenciado . . . (Guadalajara, Tip. y Lit. y Encuad. J. M. Iguíniz, 1919), 9 p.

567. *1919*. DALLAS, Pedro, S.J., *Historia de Nuestra Señora de Guadalupe* . . . (México, 1919). Primera edición: 1913; cf. *supra*, núm. 552; MAN, núm. 306.

568. *1919*. BECERRA TANCO, Luis, *Cenni storici sull'apparizione della Madonna di Guadalupe del Messico*, scritti dal . . . , traduzione italiana del P. Giuseppe M. Ruiz dei Missionari Giuseppini del Messico. (Roma, Tip. Poliglotta Vaticana, 1919). Cf. MAN, núm. 307.

569. *1919*. CUEVAS, Mariano, S.J., *Notable documento Guadalupano*. Informe leído en la Real Academia de la Historia, en Sesión de 27 de junio de 1919, por el R.P. . . . (Comité General de la A.C.J.M., 1ª Correo Mayor 4, México, 1919). Cf. MAN, núm. 308.

570. *1919*. OJO, Luis Gonzaga del, S.J., *IHS. Novena en honor de Ntra. Sra. de Guadalupe, Reina y Patrona de México*, por . . . (Tip. Lit. Salido Hermanos, Jerez, 1919). Cf. MAN, núm. 310.

571. *1920*. VILLANUEVA, Lucio G., S.J., *La Inmaculada Virgen del Tepeyac Celestial Patrona de la América Latina. Compendio histórico*. (México, Imp. Retes, 1920). Cf. MAN, núm. 311.

572. *1920*. Anónimo, *Crónica de la Tercera Peregrinación Nacional de las Congregaciones Marianas de la República a la Insigne y Nacional Basílica de Santa María de Guadalupe y del Segundo Congreso Mariano, celebrado por las mismas, agosto de 1919, A.M.D.G.* (México, Antigua Imp. de Murguía, Av. 16 de septiembre, núm. 54, 1920). Cf. MAN, núm. 312.

573. *1920*. GORDOA, Marcos, S.J., *Pía Unión de Santa María Virgen de Guadalupe para Sacerdotes que fueron Congregantes en el Seminario Arquidiocesano de San Salvador*. (Escuela Tip. Salesiana, Santa Tecla, 1920). Cf. MAN, núm. 313.

574. *1920.* Anónimo, *Programa de las festividades religiosas y sociales que con el favor de Dios han de celebrarse durante el mes de octubre del año del Señor MCMXX en la Insigne y Nacional Basílica de Santa María de Guadalupe en el XXV aniversario de su gloriosa coronación.* (México, Imp. J. Aguilar Vega, 1920). Cf. MAN, núm. 314.

575. *1920.* Anónimo, *Triduo a María Santísima de Guadalupe para implorar el remedio en cualquiera tribulación.* (San Luis Potosí, Imp. Ponce, 1920). Cf. MAN, núm. 315.

576. *1921.* Anónimo, *Carta pastoral con motivo del atentado contra la Sagrada Imagen de Nuestra Reina y Madre Amantísima, Santa María de Guadalupe.* (México, [s.i.], 1921). 8 p.

577. *1921.* Escalante, Albino, pbro., *Noticia histórica sobre la aparición de Ntra. Sra. de Guadalupe, patrona de México y de la América Latina.* (Tlalpam, D.F., Asilo Patricio Sánz, 1921). 30 p. ilus. Cf. MAN, núm. 316.

578. *1921.* Valverde Téllez, Emetrio, *Carta pastoral colectiva, con motivo del atentado contra la Sagrada Imagen de nuestra reina y madre santísima Santa María de Guadalupe, 21 de noviembre de 1921,* redactado por Valverde Téllez, 29 pp.

579. *1921.* García, Luis Gonzaga, S.J., *História da Apparição de Nossa Senhora de Guadalupe. Texto da tradução de azteca para castelhano e de castelhano para portugués,* por L.G. de G. (México, 1921). Cf. MAN, núm. 312.

580. *1922.* Ramírez de Aguilar, Fernando, *Las fiestas guadalupanas y otras crónicas,* Por Jacobo Dalevuelta (seud.). (México, Andrés Botas e hijo, 1922). 136 p.

581. *1922.* Cuevas, Mariano, S.J., *Historia de la Iglesia en México,* 3 t. (Tlapam, 1922). I tomo, cap. XI trata de N.S. de Guadalupe.

582. *1923.* García Gutiérrez, Jesús, pbro., *Album fotográfico guadalupano,* Fotos de Manuel Ramos. (México, Manuel León Sánchez, 1923). 1 v. ilus.

583. *1923.* López, Francisco R., *Liga Sacerdotal Guadalupana,* instrucciones . . . (México, Victoria, 1923). 14 p.

584. *1923*. Orozco y Jiménez, Francisco, Ilmo., *El culto guadalupano en Londres*, Documentos coleccionados y ordenados por el Lic. J. Ignacio Dávila Garibi por disposición del Ilmo. Sr. Arzobispo de Guadalajara. (Guadalajara, Tip. C. M. Sáinz, 1923). 16 p.

585. *1924*. Anónimo, *Reglamento de la Asociación de Caballeros de Honor de Nuestra Señora de Guadalupe*. Apéndice: Breve noticia del origen e historia de la Asociación. Estudio histórico sobre San Luis Potosí por el Sr. Canónigo D. Francisco Peña. (San Luis Potosí, Tip. de Mariano Guerra, 1924). Cf. MAN, núm. 318.

586. *1925*. Dallas, Pedro, S.J., *Historia de Nuestra Sra* . . . 3ª ed. (Casa Editorial de la "Revista Católica", El Paso, Texas, 1925). Cf. MAN, núm. 319. Primera edición: 1913; cf. *supra*, núm. 552.

587. *1925*. Anónimo, *La Madonna di Guadalupe e la solenne incoronazione della sua Immagine venerata nella Chiesa di S. Nicola in Carcere Tulliano in Roma. Memoria compilata da un Canonico della medesima perinsigne Basilica Collegiata Parrochiale*. (Tipografia Editrice Laziale, Roma, 1925). Cf. MAN, núm. 320.

588. *1925*. Anónimo, *Nuestra Señora de Guadalupe* . . . (Roma, Tip. Editrice Laziale, 1925). Traducción del número anterior. Cf. MAN, núm. 321.

589. *1926*. Lasso de la Vega, Luis, *Hvei tlamahviçoltica* . . . , libro en lengua mexicana, que Luis Lasso de la Vega hizo imprimir en México, el año de 1649, ahora tr. y anotado por Primo Feliciano Velázquez, prol. de Jesús García Gutiérrez. (México, Carreño e hijo, 1926). 113 p. ilus. Primera edición: 1649; cf. *supra*, núm. 73.

590. *1926*. Anónimo, *Relação histórica de prodigiosa apparição de Nossa Senhora de Guadalupe do Mexico em 9 de Dezembro de 1531, Pedroeira principal de América Latina*. (São Paulo, 1926).

591. *1927*. Sepúlveda, Luis G., *La Virgen de Guadalupe y la regeneración social;* cuatro sermones predicados por . . . en el templo de Loreto de la ciudad de México, los días 9, 10, 11, y 12 de mayo de 1926. (México [s.i.], 1927). 82 p.

592. *1927*. Valeriano, Antonio, *Tradición del milagro; Nuestra Señora de Guadalupe Virgen de los mexicanos y patrona de la América*. ([s.p.i.], 1927). 24 p. ilus.

593. *1927*. Nicoselli, Anastasia, *Cenni storici sulla miracolosa Immagine di N.S. di Guadalupe*. (Roma, Procura Generale dei Missionari Giuseppini del Messico, 1927). Cf. MAN, núm. 323.

594. *1928*. Bayle, Constantino, S.J., *Santa María en Indias, la devoción de Nuestra Señora y los descubridores, conquistadores y pobladores de América*. (Apostolado de la Prensa, Madrid, [s.p.], 1928).

595. *1928*. Becerra Tanco, Luis, *Nuestra Señora de Guadalupe, Reina de Méjico y patrona de la América Latina*. (Bilbao, Imp. Ave María, 1928).

596. *1928*. Anónimo, *Boletín eclesiástico de Santa Fe, Argentina, Homenaje de amor y pleitesía a la Santísima Virgen de Guadalupe coronada el 22 de abril de 1928*, (Número extraordinario).

597. *1928*. Bustamante Reyes, J.L., *Historical sketch of the miraculous apparitions of Our Lady of Guadalupe near the city of Mexico*, by the Very Rev. J. L. Bustamante Reyes . . . , 3a. ed. (El Paso, Texas, [s.i.], 1928). 42 p. ilus.

598. *1928*. Cuevas, Mariano, S.J., *Historia de la Iglesia en México*, 3a ed. 5 t. (El Paso, 1928). I tomo, cap. XV trata de N.S. de Guadalupe. Primera edición: 1922; cf. *supra*, núm. 581.

599. *1928*. *Carta colectiva del Episcopado Mexicano sobre el Cuarto Centenario de la Aparición de N. S. de Guadalupe* (México, 1928). Cf. MAN, núm. 326.

600. *1928*. *Carta colectiva del Episcopado Mexicano acerca del XV centenario del Concilio de Efeso y el IV de las milagrosas apariciones de Santa María de Guadalupe*, Diciembre 12. 3a. ed. ([s.p.i.], 1929). 16 p. Cf. MAN, núm. 327.

601. *1929*. *Constituciones de la I y V Congregación de Clérigos Seculares de Santa María de Guadalupe*. (Querétaro, Librería e Imprenta Guadalupana, 1929). 1 h. 23 p., 2 h. 1 lám. Cf. MAN, núm. 328.

602. *1930*. Cuevas, Mariano, S.J., *Album histórico guadalupano del IV centenario*, Dir. artística de esta edición Mateo A. Saldaña. (México, Escuela Tip. Salesiana, 1930). 291 p. ilus.

603. *1930*. Trens, Manuel B., "La Tradición Guadalupana", *Crisol*, México, Diciembre, 1930, p. 437–440.

604. *1930*. Nicoselli, Anastasio, *Cenni storici* . . . (Roma, 1930). Primera edición italiana: 1888; cf. *supra*, núm. 435.

605. *1931*. Alvarez B., José, *El Tepeyac*, Comité oficial de peregrinaciones guadalupanas. (México, 1931).

606. *1931*. Amaya, Esteban, *La Madre de Dios: génesis e historia de Nuestra Señora de Guadalupe* . . . (México, Edit. Lúmen, 1931). 348 p. ilus.; cf. MAN, núm. 334.

607. *1931*. Bergoend, Bernardo, S.J., *La nacionalidad mexicana y la Virgen de Guadalupe*, Primera parte, Formación de la nacionalidad mexicana. (México, Imp. "Patricio Sánz", 1931). 257 p. ilus.; cf. MAN, núm. 341.

608. *1931*. *Carta pastoral que el arzobispo y obispo de la provincia eclesiástica de Durango dirigen a sus respectivos diocesanos*. (Durango, México, Tip. "El Aguila de Oro", 1931). 11 p.

609. *1931*. *Congreso Nacional Guadalupano, México, Memoria* . . . , *discursos, conclusiones, poesías, 1531–1931*. (México, Escuela Tipográfica Salesiana, 1931). 279 p. ilus.

610. *1931*. Anónimo, *Cuatro siglos de fervor guadalupano, guía de peregrinos*. (México, Reclam., 1931). 161 p. ilus.; cf. MAN, núm. 345.

611. *1931*. Dávila Garibi, J. Ignacio, *Brevísimo estudio histórico etimológico acerca del vocablo Guadalupe*, 2a. ed. (México, [s.p.i.], 1931). 14 p.; cf. MAN, núm. 347.

612. *1931*. Díaz, Pascual, S.J., Ilmo., *Carta pastoral que con motivo de la celebración del IV centenario de las apariciones de Santa María de Guadalupe*, dirige a sus diocesanos el Excmo. y Revmo. Sr. Arzobispo de México . . . (México, D.F., 1931). 51 p., (Folleto en Biblioteca Nacional de México). Cf. MAN, núm. 348.

613. *1931*. Fernández del Castillo, Francisco, *México y la Guadalupana; cuatro siglos de culto a la patrona de América*, escrita por Francisco Fernández del Castillo, Rafael García Granados, Arq. Luis MacGregor y Lauro E. Rosell. (México, D.F., "La Enseñanza Objetiva", 1931). 128 p. ilus.

614. *1931*. Orozco y Jiménez, Francisco, Ilmo., *Narratio apparitionis B. Mariae Virginis de Guadalupe de México.* (Guadalaxarae die 21 decembris, 1931). 20 p.

615. *1931*. García Gutiérrez, Jesús, pbro., *Efemérides guadalupanas;* publicadas con motivo de la celebración del IV centenario de las apariciones de la Santísima Virgen de Guadalupe. (México, Antigua Librería de Murguía, 1931). 247 p. ilus.; cf. MAN, núm. 350.

616. *1931*. Idem (*same author*), *Primer siglo guadalupano;* documentación indígena y española, 1531–1648. (Méjico, Patricio Sánz, 1931). 160 p.; cf. MAN, núm. 351.

617. *1931*. Icaza, Javier, *Retablo de Nuestra Señora de Guadalupe, maderas de Leal.* (México, Cvltvra, 1931). 79 p. ilus.; cf. MAN, núm. 353.

618. *1931*. Iglesias, Eduardo, S.J. y García Gutiérrez, Jesús, pbro., *Juicio crítico de la carta de don Joaquín García Icazbalceta y fuentes históricas de la misma.* (México, D.F., [s.i.], 1931). 39 p.; cf. MAN, núm. 354.

619. *1931*. Méndez Plancarte, Gabriel, pbro., *Oda secular guadalupana,* MDXXXI–MCMXXXI. (México, Escuela Tip. Salesiana, 1931). 23 p.; cf. MAN, núm. 357.

620. *1931*. Anónimo, *La nacionalidad mexicana y la Virgen de Guadalupe.* (Tlalpan, D.F., Imp. "Patricio Sánz", 1931). 258 pp. ilus.

621. *1931*. Sepúlveda, Luis G. Mons., *Sermones guadalupanos.* (México, Rivadeneyra, 1931). 236 p.; cf. MAN, núm. 362.

622. *1931*. Valle, Rafael Heliodoro, *Cuatro siglos de fervor guadalupano.* (México, 1931).

623. *1931*. Vega, Salvador de la, *La Italia guadalupana.* (México, 1931).

624. *1931*. Velázquez, Primo Feliciano, *La aparición de Santa María de Guadalupe.* (México, Patricio Sánz, 1931). 16, 449 p. ilus.; cf. MAN, núm. 364.

625. *1931*. Villanueva, Lucio G., *La inmaculada del Tepeyac, celestial patrona de la América Latina, sus apariciones, su devoción, compendio histórico* . . . (México, Antigua Imp. de Murguía, 48 p., IV Centenario Guadalupano, 1531–1931).

626. *1931.* Otra edición de la misma obra: Sevilla, 1931 . . . Cf. MAN, núm. 365.

627. *1931. Congreso nacional guadalupano, México, Memoria del Congreso nacional guadalupano, discursos, conclusiones, poesías* . . . (México, Escuela tipográfica salesiana, 1931). 279 p. ilus.

628. *1931.* CUEVAS, Mariano, S.J., *Conferencias Guadalupanas,* por . . . sustentadas en la Catedral de Santiago de Querétaro el 12, 13 y 14 de abril de 1931. Querétaro, Querétaro. (México, Talleres tipográficos de la Agencia Mercantil, versión taquigráfica, 1931).

629. *1931. Anónimo, Juicio crítico de la carta de Don Joaquín García Icazbalceta y fuentes históricas de la misma.* (México, D.F. 1931).

630. *1931. Anónimo, Asociación de la Sma. Virgen de Guadalupe, fundada canónicamente en el seminario de esta ciudad y agregada a la Archicofradía de la Basílica de Guadalupe, el 24 de enero de 1919.* (San Luis Potosí, 1931). Cf. MAN, núm. 353.

631. *1931.* ANTICOLI, Esteban, S.J., *Novena, Triduo y Deprecaciones* . . . (El Paso, Texas, Revista Católica, 1931). Primera edición: 1899; cf. *supra,* núm. 517; MAN, núm. 335.

632. *1931. Idem (same author), Cuarto Centenario Guadalupano. Historia de N.S. de Guadalupe,* extractada de la grande obra del R.P. . . . y completada por el R.P. R. Martínez del Campo S.J. (El Paso, Texas, Revista Católica, 1931). Cf. MAN, núm. 336.

633. *1931.* ARMORA, Serafín, Ilmo., *Carta Pastoral (Séptima) del Ilmo. Sr. Obispo de Tamaulipas, Méx. IV Centenario Guadalupano, enero de 1931.* (Imp. Latino-americana, S.I., 1931). Cf. MAN, núm. 337.

634. *1931.* AZPEITIA PALOMAR, Manuel, Ilmo., *Décima Carta Pastoral del Ilmo. Sr. Obispo de Tepic con motivo del IV Centenario de las milagrosas apariciones de la Sma. Virgen María de Guadalupe.* [s.p.i.] Cf. MAN, núm. 338.

635. *1931.* BECERRA TANCO, Luis, *Narratio Apparitionis B.M.V. de Guadalupe de Mexico.* (In Typographia artistica, anno 1931). Cf. MAN, núm. 339.

636. *1936*. Otra edición de la misma obra (Guadalajara, 1931). Cf. MAN, núm. 340.

637. *1931*. Anónimo, *Cofradía de Ntra. Sra. de Guadalupe. Parroquia de Guadalupe, Bs. Aires, Paraguay 3901*. Estatutos aprobados por S. Exma. Rvma. Dr. Antonio Rotea. [s.p.i.], Cf. MAN, núm. 342.

638. *1931*. Anónimo, *Comité Pro-Centenario Guadalupano: Certámenes Histórico-Literario-Musical*. (Guadalajara, Jal., abril de 1931). [s.p.i.]. Cf. MAN, núm. 343.

639. *1931*. Cruz, Crescencio A., pbro., *Sermón predicado en la Insigne y Nacional Basílica del Tepeyac por el Sr. Cura de la Parroquia y Santuario de Ntra. Sra. de Guadalupe en Mérida . . . con motivo de la solemnísima función con que la Arquidiócesis de Yucatán celebró el IV Centenario de las Apariciones Guadalupanas el domingo seis de diciembre 1931* (México, D.F., 1931–1932). Cf. MAN, núm. 344.

640. *1931*. Escalante, Albino, pbro., *Noticia histórica sobre la Aparición de Ntra. Sra. de Guadalupe, Patrona de México y de la América Latina*. Por . . . , Capellán del Santuario de N.S. de Guadalupe del Desierto, etc. 2ª ed. (San Luis Potosí, Imp. Ponce, 1931). Cf. MAN, núm. 349.

641. *1931*. Labrador Ruiz, Antonio, S.J., *Novena que dedicó a Nuestra Madre la Virgen Purísima de Guadalupe*, el P. Don . . . el año de 1931. Ed. del 4° Centenario. (México, D.F. 1931). [s.i.p.]. Cf. MAN, núm. 355.

642. *1931*. Anónimo, *El milagro del Tepeyac. Relato de la Aparición de la Virgen de Guadalupe. Sus hechos milagrosos y programa de las fiestas del 4° Centenario*. (México, "Rivadeneyra", Belisario Domínguez 43, 1931). Cf. MAN, núm. 359.

643. *1931*. Anónimo, *Album de la entronización y coronación de la Sma. Virgen de Guadalupe en el Seminario de Michoacán, 1931–1932*. [s.p.i.]. Cf. MAN, núm. 356.

644. *1931*. Murguía, Luis F., *Programa oficial del IV Centenario Guadalupano, 1931*. (México, Imp. de Murguía, 1931). Cf. MAN, núm. 360.

645. *1931*. Rosa, Agustín de la, pbro., *La Aparición Guadalupana y sus impugnadores. Puntos de vista del sabio Dr. D. Agustín de la Rosa, traducidos, extractos y expuestos*, por el Pbro. José T. Laris de la Academia Me-

jicana de N.S. de Guadalupe. (Guadalajara, diciembre de 1931). [s.p.i.]. Cf. MAN, núm. 361.

646. *1931. Anónimo, Al Tepeyac o Manual de Peregrinos para el año Guadalupano 1931-1932*. (México, Escuela Tip. "Cristóbal Colón", antes Salesiana, 1931). Cf. MAN, núm. 363.

647. *1931*. VILLANUEVA, Lucio G., S.J. *1531–IV Centenario Guadalupano– 1931. La Inmaculada del Tepeyac, Celestial Patrona de la América Latina, compendio histórico*, por . . . (México, Imp. de Murguía, Avenida 16 de septiembre 54, 1931). Cf. MAN, núm. 367.

648. *1931*. ZELAA E HIDALGO, José, pbro., *Adiciones al libro de las Glorias de Querétaro que se imprimió en México en el año de mil ochocientos tres*. Escritas por . . . presbítero secular de este Arzobispado y natural de la ciudad de Querétaro, etc. (México, Imp. de Arispe, año de 1910. 1531–1931). Cf. MAN, núm. 368.

649. *1932*. GARIBI TORTOLERO, Manuel, *Catecismo sintético guadalupano*, por el Lic. Manuel Garibi Tortolero. (Guatemala, 1932). 32 pp.; cf. MAN, núm. 372.

650. *1932*. JUNCO, Alfonso, *Un radical problema guadalupano*. (Méjico, Academia Mejicana de Nuestra Señora de Guadalupe, 1932). Cf. MAN, núm. 374.

651. *1932. Anónimo, Album de la Coronación de Ntra Sra. de Guadalupe. Congregación Mariana, Santuario de Sr. San José*. (Guadalajara, Tip. Iguíniz, Donato Guerra 235, 1932). Cf. MAN, núm. 369.

652. *1932*. ANTICOLI, Esteban, S.J., *Noticia breve de las pinturas que adornan las paredes de la Basílica de N.S. de Guadalupe, tomada del Compendio Histórico de la Virgen del Tepeyac*, publicado por . . . (México, Imp. de J.I. Murguía, Carmen 86, 1932). Cf. MAN, núm. 370.

653. *1932*. BALLESTEROS, F., S.S.J., *Anales Guadalupanos* (Roma, 1932). Cf. MAN, núm. 371.

654. *1932. Anónimo, Homenaje lírico a Santa María de Guadalupe en el IV Centenario de sus Apariciones, 1531-1931*. (Barcelona, Tip. Católica Casals, 1932). Cf. MAN, núm. 373.

655. *1932.* Anónimo, *Memoria del Congreso Nacional Guadalupano. Discurso, conclusiones, poesías.* (México, 1531–1931). [s.p.i.]. Cf. MAN, núm. 375.

656. *1932.* Parisi, Antonio, S.J., *Triduo e panegirico per Na. Sa. di Guadalupe (Messico) nel IV Centenario solennemente celebratosi in Roma nella Basilica di S.M. Maggiore.* Novembre 1931. (Alcamo, Tip. Baglino, 1932).

657. *1932.* Pérez, Filomeno, C.M.F., *Novena en honor de la Sma. Virgen de Guadalupe,* por . . . 2ª ed. (México, D.F., Imp. "Claret", 1932). Cf. MAN, núm. 377.

658. *1933. Carta Pastoral Colectiva del V. Episcopado Mexicano con motivo de la celebración del Patronato Guadalupano en la Patriacal Basílica Vaticana, el 12 de diciembre de 1932.* (México, 15 de agosto de 1933). [s.p.i.]. Cf. MAN, núm. 378.

659. *1933. 28ª Carta pastoral, 20 de noviembre de 1933,* con motivo de la extensión del patronato de la Santísima Virgen de Guadalupe a toda la América Latina, p. 40.

660. *1933.* Díaz, Silvino, pbro., *Condensando historia guadalupana, con motivo de la renovación del patronato.* (México, Regis, 1933). 7 p. ilus.; cf. MAN, núm. 379.

661. *1933. Comité de la Celebración del Patronato Guadalupano.* Secretaría del Arzobispado. 2ª ed. (México, 12 oct. de 1933): *Documentos de la Sagrada Congregación de Ritos y del V. Episcopado Latinoamericano relativo al Patronato de Santa María de Guadalupe sobre América Latina.* Cf. MAN, núm. 380.

662. *1933.* Gordoa, Marcos, S.J., *La siempre Virgen Santa María de Guadalupe celestial Patrona de los pueblos hispanoamericanos. Historia-Reflexiones-Plegarias,* por . . . (IHS, Talleres Gráficos Ariel, San Salvador, C.A., 1933). Cf. MAN, núm. 381.

663. *1933.* Nicoselli, Anastasio, *Cenni storici* . . . (Roma, 1933). Primera edición italiana: 1888; cf. *supra,* núm. 435; MAN, núm. 382.

664. *1933.* Vera y Zuria, Pedro, Ilmo., *Diario de la tercera peregrinación guadalupana a Roma y Lourdes y de mi segunda visita ad limina Apostolorum,* 15 de agosto-9 de octubre 1933. (México, D.F., 1933). Cf. MAN, núm. 383.

665. *1934*. Anónimo, *Glorificazione romana di nostra Signora di Guadalupe*. (Roma, La Civiltà Cattolica, 1934). Cf. MAN, núm. 384.

666. *1934*. *La Voz Guadalupana*, v. 1, México, publicada por la Insigne y Nacional Basílica de Santa María de Guadalupe de México, 1934. Esta revista empezó en marzo de 1934. (This review started in March of 1934.)

667. *1935 o 1936*. García Gutiérrez Icaza y Solares, Manuel de, *La familia de Icaza y su devoción a la Virgen de Guadalupe*. (México, 1935 o 1936). ilus.

668. *1935*. Isla, Ezequiel de la, *Reseña de la XLV peregrinación de la Diócesis de Querétaro al Tepeyac*. (Querétaro, Sagrado Corazón, 1935). 16 p.

669. *1935*. Sánchez, Pedro J., *La Basílica guadalupana y las fiestas del IV centenario de las apariciones de Nuestra Señora*. (México, Juan Pablos, 1935). 173 p. ilus.; cf. MAN, núm. 385.

670. *1935*. Vera y Zuria, Pedro, Ilmo., *Itinerario de la peregrinación guadalupana de México al Congreso Eucarístico de Buenos Aires*, por el director espiritual de la misma, Excmo. Sr. Arzobispo de Puebla Don . . . 2ª ed. corregida (Puebla, Pue., 1935). Cf. MAN, núm. 386.

671. *1935*. Vértiz, Julio, S.J., *Sermón predicado en la función que los Médicos, Farmacéuticos y Dentistas Católicos, celebraron en honor de la Sma. Virgen de Guadalupe, en su Insigne y Nacional Basílica, el domingo 15 de septiembre de 1935*. (México, 1935). [s.p.i.]. Cf. MAN, núm. 387.

672. *1936*. Becerra Tanco, Luis, *Felicidad de México*, traducción al inglés por Borgia Steck. (New York, Paulist Press, 1936).

673. *1936*. Dávila Garibi, José Ignacio, *Breve estudio histórico etimológico acerca del vocablo Guadalupe*. (México, Emilio Pardo e hijos, 1936). 19 p.

674. *1936*. Orozco y Jiménez, Francisco, Ilmo., *Nuestra Señora de Guadalupe de México* . . . (Guadalajara, México, [s.i.], 1936). 1, 3, 20 (2) p.

675. *1936*. Vega, Salvador de la, S.S.J., *Italia guadalupana y los Papas ante la Inmaculada del Tepeyac*, Monografía. (México, [s.p.i.], 1936). Cf. MAN, núm. 390.

676. *1937.* GORDOA, Marcos, S.J., *La siempre Virgen Santa María de Gua-*
dalupe, celestial Patrona de los pueblos hispanoamericanos: Historia, Refle-
xiones, Plegarias, por . . . 2ª ed. (IHS, San Salvador, C.A., Tip. Unga,
1937). Cf. MAN, núm. 391.

677. *1937.* MARTÍNEZ AGUIRRE, José de Jesús, S.J., *Consagración de las*
familias mexicanas a su Madre y Reina, Santa María de Guadalupe. 7ª ed.
(México, D.F., "Buena Prensa", 1937). Cf. MAN, núm. 392.

678. *1937.* MONTES DE OCA, Luis T., canónigo, *Las tres primeras ermitas*
guadalupanas del Tepeyac; algunas conjeturas de las ruinas arquelógicas del
siglo XVI encontradas en la Parroquia Archipresbiteral de Santa María de
Guadalupe. (México, 1937). [s.p.i.]. Cf. MAN, núm. 393.

679. *1937.* PALOMAR Y VIZCARRA, Miguel, *La Virgen de Guadalupe enseña y*
baluarte de la Hispanidad. Conferencia transmitida por una estación ra-
dioemisora de Los Angeles, California, el 7 de junio de 1937. (México,
1937). Cf. MAN, núm. 394.

680. *1937. Nostra Signora di Guadalupe,* Santuario di Nostra Signora di
Guadalupe in Santo Stefano d'Aveto. (Prov. di Genova, 1937).

681. *1938.* BECERRA TANCO, Luis, *Notre Dame de la Guadeloupe de Mexique,*
d'après la relation de . . . Edition de l'Archevêque de Guadalajara (Mexique), 1938. Traducción francesa; cf. *supra,* núm. 79; MAN, núm.
395.

682. *1938.* AUROLES DÍAZ, José de, *La Virgen de la Patria y la Nacionalidad*
Mexicana. Colección Violeta. (Puebla de los Angeles, Marzo de 1938).
Cf. MAN, núm. 396.

683. *1938.* GARIBI TORTOLERO, Manuel, *Tlacentlalixtlamatiliztli Guadalu-*
pana. Catecismo Sintético Guadalupano. To Tlazonantzin Huatalupe. Escrito en español por el Lic . . . y traducido al náhuatl o mexicano por
el Sr. Cura de Tepotzlán, Morelos, D. Pedro Rojas. (Guadalajara,
1938).

684. *1938. El reloj guadalupano. Album, cuyo material se tenía preparado hace*
ya varios años a raíz de la solemne inauguración del reloj de la Basílica de
Nuestra Señora de Guadalupe. (Guadalupe, México, Parroquia de la Coronación de Santa María de Guadalupe, 1938). 34 lams. Cf. MAN,
núm. 399.

685. *1938*. Navarro, Mariano, *Santa María de Guadalupe, reina y madre,* Sermón pronunciado . . . en la Insigne Nacional Basílica, el miércoles 12 de enero de 1938; con motivo de la función anual que el Arzobispado de México ofrece a nuestra augusta madre y reina, Santa María de Guadalupe. (México, [s.i.], 1938). 35 p.

686. *1938*. Pompa y Pompa, Antonio, *Album del IV centenario guadalupano,* obra publicada por la Insigne y Nacional Basílica de Santa María de Guadalupe. (México, Talleres de la editorial "Cvltvra", 1938). 239 p. ilus.; cf. MAN, núm. 398.

687. *1938*. Sánchez, Pedro J., *Una reparación guadalupana.* (México, Londres, [s.p.i.], 1938). 23 p. ilus.

688. *1939*. Capistrán Garza, René, *La Virgen que forjó una Patria. El Tepeyac, cimiento espiritual de América.* Por . . . (Ed. Biblioteca "Hoy", México, 1939). Cf. MAN, núm. 401.

689. *1939*. García Gutiérrez, Jesús, pbro., *Acción anticatólica de México,* Figuras y episodios de la historia de México. (México, Edit. Helios, 1939). 322 p.; cf. MAN, núm. 406.

690. *1939*. *Idem (same author), Apuntamientos para una bibliografía crítica de historiadores guadalupanos.* (Zacatecas, Zac., [s.i.], 1939). 8, 148 p.

691. *1939*. Garibay K., Angel María, canónigo, *Santa María de Guadalupe, reina y madre,* Sermón pronunciado . . . en la Insigne y Nacional Basílica el jueves 12 de enero de 1934; con motivo de la función annual que el Arzobispado de México ofrece a nuestra augusta Madre y Reina Santa María de Guadalupe. (1939). 24 p.

692. *1939*. Garibi Rivera, Giuseppe (José), *Cenni storici sulla miraculosa immagine di N. S. di Guadalupe.* (Roma, Tip. della Pontificia Universidad Gregoriana, 1939). Garibi Rivera es sólo el traductor; el autor es Anastasio Nicoselli; cf. *supra,* núm. 435.

693. *1939*. Martínez, Luis María, Ilmo., *Santa María de Guadalupe.* (México, "La Cruz", 1939). 215 p., 3 h.

694. *1939*. Garibi Tortolero, Manuel, *Breve historia de las Apariciones y dos oraciones especiales para chinos,* por el Lic . . . , traducidas al chino mandarinal por el R.P. Eusebio Fernández Cabo, S.J. (Guadalajara, 1939). Cf. MAN, núm. 402.

695. *1939*. Vega, Luis, S.J., *Our Lady of Guadalupe, Protectress of Latin America*, by the late Rev . . . Second edition. (México, D.F., 1939). Primera traducción inglesa: 1912; cf. *supra*, núm. 548; MAN, núm. 404.

696. *1940*. Chávez Peón, Federico, S.J., *Nuestra Señora de Guadalupe*. [s.p.i.]. Es el *Nican Mopohua* de A. Valeriano, trad. por el Lic. P.F. Velázquez y vertido al chino por Chávez Peón. Cf. MAN, núm. 405.

697. *1940*. García Gutiérrez, Jesús, pbro., *Apuntamientos para una bibliografía crítica de historiadores guadalupanos* (México, 1940). Cf. MAN, núm. 406.

698. *1940*. Vázquez Santa Ana, Higinio, *Epigrafía, iconografía y literatura popular de Juan Diego*, por . . . , Ed. conmemorativa. (México, Ediciones Museo Juan Diego, 1940).

699. *1941*. Alvarez B., José, *El Tepeyac, centro de unión espiritual en el continente americano*, por . . . , Secretario General de la Oficina Central Guadalupana de la Insigne y Nacional Basílica de Santa María de Guadalupe. (México, Comité Oficial de Peregrinaciones Guadalupanas, 1941). Cf. MAN, núm. 407.

700. *1941*. Lías, Demetrio G., pbro., *Triduo en honor de la Sma. Virgen de Guadalupe*, escrito por . . . (Ciudad de Nuestra Señora de los Zacatecas, noviembre de 1926. Reimpreso . . . (Zacatecas, 1941). Cf. MAN, núm. 408.

701. *1941*. Cantú Corro, José, *Juan Diego* (1548–1941). (Cuautla, Morelos, Edit. Juan Diego, 1941). 80 p.

702. *1941*. Castañeda, Daniel, *Gran corrido a la Virgen de Guadalupe*, (Música de Miguel Bernal Jiménez). (México, Edit. Polis, 1941). 83 p. ilus.

703. *1941*. Keyes, Frances Parkinson, *The Grace of Guadalupe*. (New York, Julian Messner, Inc., 1941). [s.p.].

704. *1941*. Quiralte, A. M., *La octava maravilla del mundo en la América de Colón*. (México, 1941). 239 p. ilus.

705. *1941*. Anónimo, *Recuerdo de la LI peregrinación de la Diócesis de Querétaro al Tepeyac*. (Querétaro, Edit. Guadalupana, 1941). 1 v. ilus.

706. *1942*. Caso, Alfonso, "El Paraíso Terrenal en Teotihuacán". (México, 1942). *Cuadernos Americanos*, Núm. 6

707. *1942*. Anónimo, *A la Santísima Virgen de Guadalupe, especial protectora de los mexicanos*. (San Luis Potosí, Indalecio Celorio Ortega, 1942). 23, 84 p.

708. *1942*. Villacampa, Carlos, O. F. M., *La Virgen de la hispanidad o Santa María de Guadalupe de América*, Pról. de Manuel Siurot. (Sevilla, "San Antonio", 1942). 24, 356 p. ilus.; cf. MAN, núm. 410.

709. *1943*. Becerra Tanco, Luis, *Nuestra Señora de Guadalupe y origen de su milagrosa Imagen*. (Editorial América, S.A., México, D.F., 1943). Primera edición: 1666; cf. *supra*, 79; MAN, núm. 411.

710. *1943*. García Gutiérrez, Jesús, pbro., *¿Dónde vivía Juan Diego en 1531?* (México, 1943).

711. *1943*. Lazo de la Vega, Luis, *Historia de la aparición de Nuestra Señora de Guadalupe*, escrita en náhuatl por . . . y traducida al castellano por el Lic. Primo Feliciano Velázquez. 3ª ed. (México, Buena Prensa, 1943.) Cf. MAN, núm. 412.

712. *1943*. Manrique y Zárate, José de Jesús, Ilmo., *¡Viva Cristo Rey! Viva la siempre V. Sta. María de Guadalupe. ¿Quién fue Juan Diego?*, por . . . [s.p.i.]. Cf. MAN, núm. 413.

713. *1944*. Garibi Tortolero, Manuel, *Juan Diego, el embajador inmortal*, por . . . de la Academia Mexicana de Santa María de Guadalupe. (1944).

714. *1944*. Anónimo, *Epítome de retórica sagrada: Cuadragésima séptima carta pastoral, acerca del quincuagésimo año jubilar de la coronación de la Santísima Virgen de Guadalupe, 12 de noviembre de 1944*. (León, Linot. Lúmen, 1944). 8 p., p. 43.

715. *1944*. Anónimo, *Cuadragésima octava carta pastoral, sobre la celebración de un Congreso Eucarístico guadalupano en la Diócesis*. (Linot, Lúmen, 26 de abril de 1945). 8 p., 22, p. 43.

716. *1945*. Anónimo, *Carta pastoral colectiva del Vble. Episcopado Mexicano sobre la celebración del quincuagésimo aniversario de la coronación de Nuestra Madre Santísima de Guadalupe*. ("Buena Prensa", México, D.F., 1945).

Cf. MAN, núm. 414. La coronación guadalupana tuvo lugar (the Guadalupan Coronation took place): Oct. 12, 1945.

717. *1945*. BENÍTEZ Y CABAÑAS, Luis, S.J., Ilmo., *Cinco domingos en honor de Nuestra Señora de Guadalupe*, por . . . , Obispo titular de Isba. (Cortesía de "La Helvetia", Cía. Impresora Papelera, S.A., 16 de septiembre 41, México, D.F., 1945). Cf. MAN, núm. 415.

718. *1945*. CUEVAS, MARIANO, S.J., *La Santa Sede y Nra. Sra. de Guadalupe, Emperatriz de América y Reina de México*, conferencia de . . . en la Parroquia de Santa María la Redonda. ("Buena Prensa", Donceles 99-A, México, D.F., 1945). Cf. MAN, núm. 419.

719. *1945*. DECORME, Gerardo, S.J., *La devoción a la Sma. Virgen y los jesuitas mexicanos*, por . . . ("Buena Prensa", Donceles 99-A, México, D.F., 1945). Cf. MAN, núm. 420.

720. *1945*. ESQUIVEL OBREGÓN, Toribio, *La bomba atómica y la Virgen de Guadalupe*. ("Novedades", 14 de octubre de 1945), 8 pp. Cf. MAN, núm. 421.

720a. *1945*. LAZO DE LA VEGA, Luis, *Historia de las apariciones de la Virgen Sma. Santa María de Guadalupe al venturoso Juan Diego*, escrita por D. Antonio Valeriano hacia 1545 en idioma Mexicano. Edición para celebrar el 50 aniversario de la Coronación. (Ediciones Ara, México, D.F., 1895–1945). Cf. MAN, núm. 423. Primera edición: 1649; cf. *supra*, núm. 73.

721. *1945*. LÓPEZ LARA, Ramón, pbro., *Catecismo guadalupano*, 2ª ed. (Editorial Polis, México, 1945). Cf. MAN, núm. 424. Otra edición de 1945: Morelia, Michoacán.

722. *1945*. O'NEIL, Josephine M., *Our Lady and the Aztecs*. (Paterson, New Jersey, St. Anthony Guild Press, 1945).

723. *1945*. Anónimo, *Práctica y devoción de los 46 rosarios ofreciendo uno diario a la Sma. Virgen María de Guadalupe y día doce*. (San Luis Potosí, 1945). [s.p.i.]. Cf. MAN, núm. 426.

724. *1945*. Anónimo, *1895–1945. Primer Congreso Guadalupano. Jubileo de Oro de la Coronación del 17 al 25 de octubre de 1945*. (San Luis Potosí, 1945). Cf. MAN, núm. 425.

725. *1945.* BECERRA TANCO, Luis, *Nuestra Señora de Guadalupe y origen de su milagrosa imagen.* (México, Lib. Editorial San Ignacio de Loyola, 1945).

726. *1945.* BUSTAMANTE, José, pbro. *Sonet vox tua.* (San Luis Potosí [s.p.i.], 1945). 2 h., 7-26 p., 2 h.; cf. MAN, núm. 416.

727. *1945.* CABRERA, Miguel, *Maravilla americana y conjunto de raras maravillas observadas con la dirección de las reglas del arte de la pintura en la prodigiosa imagen de Nuestra Señora de Guadalupe de México,* Ed. facsimilar de la de 1756. (Querétaro, Qro., Cimatario, 1945). 30 p. ilus.; cf. MAN, núm. 417.

728. *1945.* CAPISTRÁN GARZA, René, *La Virgen que forjó una patria.* (México, Lib. Edit. San Ignacio de Loyola, 1945). Cf. *supra,* núm. 688.

729. *1945.* CASTILLO Y PIÑA, José, *Tonantzin: nuestra madrecita la Virgen de Guadalupe.* (Méjico, [s.i.], 1945). 274 p.

730. *1945.* FITZSIMON, Lorenzo Julio, Ilmo., *La devoción a la Santísima Virgen de Guadalupe en los Estados Unidos de América;* encuesta hecha a petición del Excmo. y Revmo. Dr. don Luis María Martínez y de la venerable jerarquía mexicana, por Lorenzo Julio Fitzsimon, Obispo de Amarillo, Texas. (México, Lib. Edit., San Ignacio de Loyola, 1945). 58 p.

731. *1945.* GARCÍA GUTIERREZ, Jesús, pbro., *Catecismo popular guadalupano.* (Acción Católico Mexicana, Comisión Central de Instrucción Religosa, México, 1945). Cf. MAN, núm. 422.

732. *1945. Idem (same author), Apuntes para una bibliografía de historiadores guadalupanos.* (México, Lib. Edit. San Ignacio de Loyola). 1945.

733. *1945. Idem (same author), Primer Siglo Guadalupano,* 1531–1648. Documentación indígena y española que pone de manifiesto los fundamentos históricos de la aparición guadalupana, 2a. ed. (México, Lib. Edit. San Ignacio de Loyola, 1945). 149 p.

734. *1945.* LASSO DE LA VEGA, Luis, *La historia original guadalupana,* Trad. y comentario de Primo Feliciano Velázquez. (México, [s.i.], 1945).

735. *1945.* JUNCO, Alfonso, *El milagro de las rosas.* (México, Lib. Edit. San Ignacio de Loyola, 1945). [s.p.].

736. *1945*. LORENA, Prudencio, *El Tepeyac, sermonario guadalupano*. (Puebla, [s.i.], 1945). 297 p.

737. *1945*. ROMERO, José Antonio, *Breve historia de las apariciones y del culto de Nuestra Señora de Guadalupe*. (México, Basílica de Santa María de Guadalupe, 1945). 103 p. ilus.; cf. MAN, núm. 427.

738. *1945*. *Idem (same author)*, *Cincventenario gvadalvpano*, álbum conmemorativo de las fiestas celebradas en la Insigne y Nacional Basílica de Santa María de Guadalupe con motivo del quincuagésimo aniversario de la coronación de su celestial Imagen. (México, Basílica de Nuestra Señora de Guadalupe, 1945). 216 p. ilus.

739. *1945*. SIGÜENZA Y GÓNGORA, Carlos de, pbro., *Glorias de Querétaro en la nueva congregación eclesiástica de María Santísima de Guadalupe con que se ilustra:* y en el sumptuoso templo, que dedicó a su obsequio don Juan Cavallero y Ocio . . . (México, Ed. V. de Bernardo Calderón, Ediciones Cimaterio, Querétaro, 1945). 77 p.

740. *1945*. *Idem (same author)*, *Primavera indiana, poema sacro-histórico*, Idea de María Santíssima de Guadalupe de México, copiada de flores. (México, Vargas Rea, 1945). 45 p.

741. *1945*. VALERIANO, Antonio, *La historia original guadalupana*, trad. del náhuatl y comentario de Primo Feliciano Velázquez . . . (México, Imp. "Manuel León Sánchez", 1945). 46 p. ilus.; cf. *supra*, núm. 734.

742. *1945*. VEGA, Salvador de la, *Italia guadalupana y los Papas ante la Inmaculada del Tepeyac*. (México, Lib. Editorial San Ignacio de Loyola, 1945).

743. *1945*. VILLANUEVA, Lucio G., S.J., *La Inmaculada del Tepeyac, celestial patrona de la América Latina*, 2 ed. (México, 1945, 108 p., Cincuentenario de la Coronación, 1895–1945).

744. *1945*. MANRIQUE Y ZÁRATE, José de Jesús, *Tres sermones y una conferencia sobre motivos guadalupanos*. (México, 1945). [s.p.i.].

745. *1945*. HEREDIA, C. M., S.J., *María Guadalupe, la indita ahijada de su Santidad Pío XII*, por . . . (México, D.F., Buena Prensa, Donceles 99-A, 1945).

746. *1946*. Anónimo, *Décima Cuarta Semana de Estudios y 1er Congreso Guadalupano, octubre de 1945.* Comisión Diocesana de Propaganda y Estadística. (San Luis Potosí, 1946). [s.p.i.] Cf. MAN, núm. 429.

747. *1946*. MÉNDEZ MEDINA, Alfredo, S.J., *Fantasma guadalupano, contestación abreviada a la carta de D. Joaquín García Icazbalceta.* ("Buena Prensa" Donceles 99-A, México, D.F., 1946). Cf. MAN, núm. 431.

748. *1946*. ROMERO, José, S.J., *Cincventenario Guadalupano* . . . (Basílica de Nuestra Señora de Guadalupe, México, D.F., 1946). Primera edición: 1945; cf. *supra*, núm. 738; MAN, núm. 432.

749. *1946*. VILLENEUVE, J. M. Rodrigo, Ilmo., *Album de las bodas de oro de la coronación guadalupana,* por . . . (Cuernavaca, Morelos, Editorial Juan Diego, 1946).

750. c. *1946*. CARDOSO, Joaquín, S.J., *La Sma. Virgen de Guadalupe ante los protestantes que hay en México.* (México, D.F., Buena Prensa, agosto de 1946?).

751. *1946*. BRAVO UGARTE, José, S.J., *Cuestiones históricas guadalupanas,* (México, Edit. Jus. 1946). 130 p. ilus.; cf MAN, núm. 430.

752. *1946*. CANTÚ, José, *Album de las bodas de oro de la coronación guadalupana.* (Cuernavaca, Morelos, Edit. Juan Diego, 1946). 127 p. ilus.

753. *1946*. MACÍAS, Pablo G., *Judas está vivo;* estudio histórico, social y jurídico escrito con motivo de las fiestas del cincuentenario de la Coronación de la Virgen de Guadalupe, por . . . (México, Ediciones del autor, 1946). 8, 188 p.

754. *1946*. ELIOT (COOK), Ethel, *Roses for Mexico.* (New York, Ed. McMillan Co., 1946). Obra para jovenes (juvenile literature).

755. *1947*. GARCÍA CASTRO, Manuel, *El dogma de la Asunción;* estudio histórico y teológico de la creencia asuncionista, prol. de Eloíno Nácar. (Madrid, Escelicor, 1947). 171 p. ilus., (Colec. Piscis 1).

756. *1947*. GARCÍA GUTIÉRREZ, Jesús, pbro.; *Cancionero histórico guadalupano.* (México, Editorial Jus. 1947). 231 p., Colec. de estudios históricos).

757. *1947*. LEE, George, *Our Lady of Guadalupe, Patroness of the Americas*, by . . . , with a preface of the Most Rev. John J. Cantwell. (New York, Catholic Book Publishing Co., 1947).

758. *1947*. SUSTAITA, Francisco A., *La Virgen de Guadalupe en San Luis Potosí, reseña histórica.* (San Luis Potosí, Graf. Macías, 1947). 31 p. ilus.; cf. MAN, núm. 434.

759. *1947*. PEÑALOSA, Joaquín Antonio, pbro., *Santa María de Guadalupe y el santuario del Desierto. Ecos del Quincuagésimo Aniversario.* (San Luis Potosí, 1947). Cf. MAN, núm. 433.

760. *1948*. CUEVAS, Mariano, S.J., *¡Floreció el milagro!*, Sermón predicado en la Basílica de Santa María de Guadalupe por . . . el día 5 de septiembre de 1948. (Edit. Murguía, 1948). 15 p.

761. *1948*. DÁVILA GARIBI, José Ignacio, *El culto guadalupano en lo que fue la Nueva Galicia;* conferencia leída por su autor el jueves 12 de abril de 1945. (México, Librería "San Ignacio de Loyola", 1948). 91 p.; cf. MAN, núm. 435.

762. *1948*. GARCÍA GUTIÉRREZ, Jesús, pbro., *Nuestra Señora de Guadalupe, Fray Juan de Zumárraga y Juan Diego*, Conferencia con motivo del IV centenario de la muerte de Fray Juan de Zumárraga (1548–1948). (En la ciudad de México, Iglesia de San Fernando, junio de 1948).

763. *1948*. *Idem (same author)*, *Catecismo popular guadalupano.* (México, 1948).

764. *1948*. ROMERO DE TERREROS, Manuel, *Grabados y grabadores en la Nueva España.* (México, Ediciones de Arte Mexicano, 1948). Cf. p. 15.

765. *1948*. Anónimo, *Cancionero Juandieguino (1548–1948).* (Cuernavaca, Morelos, Editorial Juan Diego, México). Tomo I, 1946; Tomo II, 1948.

766. *1948*. STEINBECK, John, "The Miracle of Tepeyac". (*Collier's Magazine*, 25 dic., 1948). 22–23.

767. *1949*. MAZA, Francisco de la, *Los evangelistas de Guadalupe y el nacionalismo mexicano.* (México, *Cuadernos Americanos*, v. 48, Nov.–Dic. 1949). 164–188.

768. *1949.* MONTEJANO Y AGUIÑAGA, Rafael, *Notas para una bibliografía guadalupana.* (México, Bajo el Signo de Abside, 1949). 98 p.; cf. *infra,* núm. 939.

769. *1949.* MARCUÉ GONZÁLEZ, Alfoso, *Guadalupe: Población y Santuario; Imagen, Personajes, Historia de las Apariciones.* (México, 1949). [s.i.].

770. *1949.* SÁNCHEZ, Pedro J., *El milagro de las rosas y el discípulo de un mártir.* (México, Barrié, 1949). 234 p. ilus.

771. *1949.* VALVERDE TÉLLEZ, Emeterio, *Bio-Bibliografía eclesiástica mexicana, 1821–1943,* Dirección y prólogo: José Bravo Ugarte, 3 t. (México, Edit. Jus, 1949).

772. *1950.* Anónimo, *Floreció el milagro, Santa María de Guadalupe del Tepeyac, su historia y culto en resumen.* (México, Talleres Tipográficos Policolor, S.A., 1950). 1 v. ilus.

773. *1950.* GARCÍA GUTIÉRREZ, Jesús, pbro., *La propagación y la conservación de la fe en México, obra de Santa María de Guadalupe.* Disertación leída en Madrid en ocasión del Congreso Guadalupano, 1950.

774. *1950.* NEUBERT, Emile Nicolas, *La devoción a María,* Tr. de la Academia Claretiana de Estudios Marianos, España, Colegios Claretianos. (1950). 224 p.

775. *1950.* VÁZQUEZ SANTA ANA, Higinio, y ORTIZ VIDALES, Salvador, *Imágenes célebres de México.* ([s.p.i.], Año Santo 1950).

776. *1951.* CHAUVET, Fidel de Jesús, O.F.M., *El culto a la Asunción de Nuestra Señora en México.* (México, Editorial Fray Junípero Serra, 1951). 223 p. ilus.

777. *1951.* DAC, Elise, *Fleuve de lumière, Reine du Tepeyac.* Extrait et adaptation du texte, par . . . (Paris-México, Editions Dac, 1951).

778. *1951.* Eadem *(same authoress), Río de Luz, Reina del Tepeyac.* El texto es extracto y adaptación efectuados por . . . Fernando Leal hizo las estampas inspiradas en los códices indígenas. (México, Editorial Dac, 1951). "El relato ha sido tomado en forma extractada de la traducción que el Sr. Lic. Primo Feliciano Velázquez hizo del original en idioma náhuatl escrito por Antonio Valeriano."

779. *1951.* KEYES, Frances Parkinson, *The Grace of Guadalupe.* (London, Burns Oates, 1951). 15, 152 p. ilus.; cf. *supra,* núm. 703.

780. *1951.* LÓPEZ BELTRÁN, Lauro, pbro., *El santuario del Tepeyac;* monografía histórica del santuario de Santa María de Guadalupe en el curso de los siglos desde la ermita de Tepeaquilla hasta su insigne y nacional Basílica. (Cuernavaca, Morelos, Juan Diego, 1951). 135 p.

781. *1951.* RODRÍGUEZ, Luis, *La Virgen morena del Tepeyac;* recuerdo del Año Santo. (México, D.F., [s.i.], 1951). 65 p.

782. *1952.* GARCÍA ICAZBALCETA, Joaquín, *Investigación histórica y documental sobre la aparición de la Virgen de Guadalupe de México.* (México, D.F., Ediciones Fuente Cultural, 1952).

783. *1952.* GORDOA, Marcos, S.J., *Las tres cumbres guadalupanas; ensayos de síntesis y crítica histórica de las apariciones de Nuestra Señora de Guadalupe y de los acontecimientos más trascendentes de la historia de su culto en México.* (México, Jus, 1952). 153 p. ilus.

784. *1952.* MÉNDEZ PLANCARTE, Alfonso, pbro., *Guadalupe, el más pleno fulgor litúrgico, ¡Soñemos alma, soñemos!* (México, Bajo el Signo de Abside, sobretiro, Talleres de la Editorial Jus, 1952). 46 p.

785. *1952.* SÁNCHEZ, Miguel, *Imagen de la Virgen María Madre de Dios de Guadalupe, milagrosamente aparecida en la ciudad de México . . .* (México, Imp. de la V. de Bernardo Calderón, 1648, reedición en Cuernavaca, Ed. Juan Diego, 1952).

786. *1952.* DAC, Elise, *Stream of light, Queen of Tepeyacac;* tr. del texto castellano de Velázquez . . . (México, Dac, 1952). 22 p. ilus. Colec. Luciérnaga. Cf. *supra,* núms. 777–778. El original es de Antonio Valeriano.

787. *1953.* BEHRENS, Helen, *El tesoro de México.* (México, Frumentum, 1953). 38 p. ilus.

788. *1953.* Anónimo, *Congreso Guadalupano de la consagración del santuario nacional y de la pontificia coronación de Santa María de Guadalupe, patrona principal de la América Latina.* (San Salvador, El Salvador, Jus, 1953). 25, 285 p. ilus.

789. *1953*. KEYES, Frances Parkinson, *Guadalupe to Lourdes*. (St. Paul Catechetical Guild Educational Society, 1953). 384 p.

790. MAZA, Francisco de la, *El guadalupanismo mexicano*. (México, Porrúa y Obregón, 1953). 150 p. ilus., (Colec. México y lo mexicano, 17).

791. *1953*. JUNCO, Alfonso, *Un radical problema guadalupano*. Autenticidad de la protohistoria escrita en Náhuatl por don Antonio Valeriano, contemporáneo de los sucesos de 1531, críticamente identificada dentro del *Huei Tlamahuizoltica* que Lasso de la Vega publicó en 1649 y que aquí se da íntegro en reproducción facsimilar, juntamente con su versión castellana, hecha en 1926 por don Primo Feliciano Velázquez. (Méjico, [s.i.], 1953).

792. *1954*. CAMPBELL, Kenneth R., *María de Guadalupe*. (New York, N.Y., Pageant Press, 1954).

793. *1954*. STONE, Doris, *Apuntes sobre la fiesta de la Virgen de Guadalupe, celebrada en la ciudad de Nicoya, Costa Rica*. (San José de Costa Rica, Imp. Nacional, 1954).

794. *1954*. GARCÍA GUTIÉRREZ, Jesús, pbro., *Devocionario selecto guadalupano, o sea la colección más completa y escogida de oraciones y prácticas devotas en honor de la Virgen Santa María de Guadalupe*, 2a ed. (Cuernavaca, Morelos, Editorial Juan Diego, 1954).

795. *1954*. GARCÍA DE LA CALLE, Emilio, Carmelita terciario, *La Santísima Virgen de Guadalupe*. (Buenos Aires, Editorial Guadalupe, 1954).

796. *1954*. *Anónimo*, Centro Universitario México, Primer año, *Homenaje a la Virgen en el Año Mariano*. ([s.p.i.], 1954). 1 v.

796a. *1954*. *Anónimo*, Centro Universitario México, Segundo año, *Homenaje a la Virgen en el Año Mariano*. ([s.p.i.], texto mecanografiado, 1954). 1 v.

797. *1954*. LÓPEZ BELTRÁN, Lauro, pbro., *Las glorias de Cuautitlán; sermón predicado por* . . . el 5 de febrero del Año Mariano de 1954 en la Insigne y Nacional Basílica de Santa María de Guadalupe. (Cuernavaca, Morelos, Edit. Juan Diego, 1954). 23 p.

798. *1954*. *Idem (same author), Guadalupanismo y Juandieguismo de Manríquez de Zárate*. (México, Juan Diego, [c. 1953], 1954). 72 p. ilus.

799. *1954.* María y Campos, Armando de, *La Virgen frente a las candilejas, o El Teatro Guadalupano.* (México, Compañía de Ediciones Populares, 1954). 148 p. ilus.

800. *1955.* Icaza, Xavier, *Retablo de Nuestra Señora de Guadalupe.* Dibujos de Ana Guido de Icaza. (México, Ediciones Orbis, 1955).

801. *1955.* Behrens, Helen, *America's Treasure: The Virgin Mary of Guadalupe. A Short History of the Apparitions of the Virgin Mary to the Indian Juan Diego* (México, 1955).

802. *1955.* Parish, Helen Rand, *Our Lady of Guadalupe.* Illustrated by Jean Charlot. (New York, Viking Press, 1955).

803. *1955.* Anónimo, Congreso Guadalupano de El Salvador, *Memoria del Primer Congreso Guadalupano de la consagración del santuario nacional y de la Pontificia Coronación de Santa María de Guadalupe, Patrona principal de la América Latina.* (México, Jus, 1955). 25, 285 p. ilus.

804. *1955.* Montemayor, Mariano, "La fuerza viva de México coronó a su Patrona como reina del trabajo", *Noticias vespertinas.* (León, Guanajuato, diciembre 1955).

805. *1955.* Sánchez, Pedro J., *La corona que le faltaba a Nuestra Señora de Guadalupe;* historia de la espiritualidad del Seminario Conciliar de México. (México, Galve, 1955). 332, 443 p. ilus.

806. *1956.* Croteau, Arsène *Sainte Marie de Guadeloupe,* trente et un chapitres pour le mois de Marie. (Montreal, Fides, c. 1956). 236 p. ilus.

807. *1956.* Demarest, Donald, and Taylor, Coley, *The Dark Virgin, The Book of Our Lady of Guadalupe: A Documentary Anthology,* edited by . . . (New York, Academy Guild Press, 1956 and 1959). Además de los materiales preliminares, se reproducen los siguientes documentos importantes (besides the introductory section, there are the following important documents in English translation):

Lasso de la Vega, Luis, *The Miraculous Apparition of the B.V.M.* 39–53
Poblete, Juan de, *Approbation* (of Miguel Sánchez' *Account*) 59–61
Sánchez, Miguel, *Virgin of Guadalupe as She appeared in Mexico* 63–96
Becerra Tanco, Luis, *The Felicity of Mexico, Our Lady of Guadalupe* 99–112
Anonymous, Juan Diego, Our Lady's Messenger 115–117
Luzuriaga, Fray Juan de, *Don Fray Juan de Zumárraga* 118–125

808. *1956.* LÓPEZ BELTRÁN. Lauro, pbro., *La aparición de la Virgen de Guadalupe a Juan Bernardino en Cuautitlán*, datos para el sermón que pronunció . . . el 5 de febrero de 1955, en la Basílica de Guadalupe, con motivo de la peregrinación guadalupana de la parroquia de Cuautitlán y de todos sus pueblos filiales. (Cuernavaca, Morelos, Edit. Juan Diego, 1956). 30 p.

809. *1956. Anónimo, La Virgen del Tepeyac, patrona principal de la nación mexicana;* compendio histórico-crítico por un sacerdote residente en esta arquidiócesis. (México, Editora Nacional, 1956). 368 p.

810. *1957. The Age of Mary,* an exclusive Marian magazine, special ed. devoted exclusively to Our Lady of Guadalupe. (Chicago, Ill., James Mary Keane, 1957). 97 p. ilus.

811. *1957.* CAPISTRÁN GARZA, René, *La Virgen que forjó una patria. El Tepeyac, cimiento espiritual de América,* 2 ed. (México, Bajo el Signo de Atisbos, 1957). 264 p.; cf. *supra,* núms. 688, 728.

812. *1957.* FERNÁNDEZ TRONCOSO, Raúl L., "La cuarta aparición de la Virgen del Tepeyac", *Excélsior.* (México, año 41, VI, n. 14,951, 12 diciembre 1957). 6A, 15A.

813. *1957.* "Fray Juan de Zumárraga sí dejó testimonio del Milagro del Tepeyac", *El Universal.* (México, año 42, CLXIX, n. 14,883, 12 diciembre 1957). 11, 18.

814. *1957.* García Gutiérrez, Jesús, pbro., "La carta de Joaquín García Icazbalceta, el señor Aldo Baroni y yo", *Excélsior.* (México, año 41, VI, n. 14,956, 17 diciembre 1957). 6A, 15A.

815. *1957.* Ruiz Cabañas, Samuel, Letras minúsculas: "Non facit taliter . . .", *El Universal.* (México, año 42, CLXIX, n. 14,885, 14 diciembre 1957). 3, 12.

816. *1957.* Brother Ernest, *A Story of Our Lady of Guadalupe.* Pictures by Carolyn Lee Jagodits. (Notre Dame, Indiana, Dujarie Press, 1957).

817. *1957.* Cruz, Salvador de la, *Los mejores versos a la Santísima Virgen de Guadalupe.* (México, 1957).

818. *1957.* Cervantes, Fray Rafael, O.F.M., *Album histórico ilustrado: Memorias de la Coronación Diocesana de la Santísima Virgen de Guadalupe, efectuada el 12 de noviembre de 1955 en su Santuario de Sayula*, Jalisco. (Guadalajara, 1957).

819. *1958.* Chávez, Ezequiel, *La evangelización de los indios.* (México, Jus, 1958). 53 p.

820. *1958. Anónimo*, "Federación mexicana de sociedades guadalupanas", Monterey-Fresno, E.U.A., . . . (Hanford, California, [s.i.], 1958). 56 p. ilus.

821. *1958.* Junco, Alfonso, *El milagro de las rosas*, 2 ed. (México, Jus, 1958. 144 p., Figuras y episodios de la historia de México, n. 49).

822. *1958.* Valeriano, Antonio, *El Nican Mopohua*, Pról. de Enrique Torroella, S.J., nueva ed. dividida en versículos con la trad. clásica de Primo Feliciano Velázquez. (México, Buena Prensa, 1958). 59 p. ilus.

823. *1958.* Rey, Juan, *Retratos de la Virgen, Ecce Mater Tua*, 5 ed. (Santander, España, Editorial Sal Terrae, 1958).

824. *1959.* Burrus, Ernest J., S.J., "Clavigero and the Lost Sigüenza y Góngora Manuscripts" en *Estudios de Cultura Náhuatl*, vol. I (México, Universidad Autónoma de México, 1959), pp. 59–90.

825. *1959*. Férnandez de Cordoba, Joaquín, *Tesoros bibliográficos de México en los Estados Unidos*. (México, Editorial Cvltvra, 1959). 147 p.

826. *1959*. González Moreno, Joaquín, *Iconografía guadalupana*, clasificación cronológica y estudio artístico de las más notables reproducciones de la Virgen de Guadalupe de Méjico conservadas en las provincias españolas, pról. de Luis Martínez Camberos, 2 v. (México, Editorial Jus, 1959–1974).

827. *1959*. López Beltrán, Lauro, pbro., *El cuerpo de la Guadalupana*, discurso pronunciado en la Basílica del Tepeyac, el jueves 5 de febrero de 1959, en la peregrinación de la parroquia de Cuautitlán. (Cuernavaca, Mor., Edit. Juan Diego, 1 v. 1959). [s.p.]

828. *1959*. Anónimo, *Iconografía Guadalupana. Clasificación cronológica y estudio artístico de las más notables reproducciones de la Virgen de Guadalupe de Méjico conservadas en las Provincias Españolas.* (México, Editorial Jus, 1959). Tomo I.

829. c. *1959*. Mariscal, Nicolás, *Arte en la Imagen de la Virgen de Guadalupe.* (s.i.p. 1959?).

830. *1960*. López Beltrán, Lauro, pbro., *Morelos guadalupano, sermón predicado en la Basílica del Tepeyac el 25 de mayo de 1950 en la IV peregrinación guadalupana de la diócesis de Cuernavaca*, 2 ed. (Cuernavaca, Mor., Edit. Juan Diego, 1960). 106 p. ilus.

831. *1960*. Manso, Pedro de, *Sermón panegýrico qve en la celebridad de la dedicación del templo nuevo de San Bernardo, titvlo María de Gvadalvpe;* día segundo de la octava, que cupo a la esclarecida familia de los predicadores, dixo . . . (México, V. de Francisco Rodríguez Lupercio, 1960). (8), 17 p.

832. *1960*. Ponet (Bordeau), Marthe, *Historia del culto de la Santísima Virgen y de sus apariciones;* vers. española de Federico Revilla [s.i.], Edit. Casal I Vall-Andorra, 1960, 174 p.

833. *1960*. Vejar Lacave, Carlos, *Guadalupe de México;* por Hermilo de la Cueva. (México, Periódicos y Ediciones de México, 1960). 135 p. ilus.

834. *1961*. Castro Pallares, Salvador, *La maternidad espiritual de María Santísima según la tradición.* (México, Comisión diocesana del Año Mariano, 1961). 24 p.

835. *1961*. GARIBAY K., Angel María, Canónigo, "La maternidad espiritual de María en el mensaje guadalupano", sobretiro desglosado del vol. *La maternidad espiritual de María.* (México, Ed. Jus, 1961). p. 187–203.

836. *1961.* JÁQUEZ, Jesús David, *El perenne milagro guadalupano; la Virgen de Juan Diego,* 1 ed. (México, Ediciones Botas, 1961). 306 p. ilus.

837. *1961.* VALERIANO, Antonio, *El Nican Mopohua,* prol. de Enrique Torroella, S.J., nueva ed. dividida en versículos con la traducción clásica de Primo Feliciano Velázquez. (México, [s.i.], 1961). 4, 21 /37/ p., 2 h. láms., col. facss.

838. *1961.* QUIROZZ, Alberto, *Odisea de la Virgen Morena; historia y política.* (México, UME, c. 1961). 317 p. ilus., (Colec. Tehutli núm. 27).

839. *1961.* VÁZQUEZ SANTA ANA, Higinio, *Juan Diego* (epigrafía, iconografía y literatura popular de . . .), Ed. conmemorativa dedicada a la memoria del Ilmo. Abad don Antonio Plancarte Labastida. (Mexico, Ediciones Museo Juan Diego, 1961). 223 p.

840. *1961.* AMATORA, Sister Mary, *The Queen's Portrait: The Story of Guadalupe.* (Fresno, California, Academy Guild Press, 1961).

841. *1961.* CALLEJO SERRANO, Carlos, *Guadalupe y sus títulos de hispanidad. Razones históricas de una reivindicación.* (Sevilla, Imp. San Antonio, 1961).

842. *1961.* MARTÍNEZ, Luis M., arzobispo primado de México, *El idilio del Tepeyac.* (Méjico, D. F., Editorial "La Cruz", 3a ed., 12 agosto 1961).

843. *1961.* REBOLLAR CHÁVEZ, José, *Santa María de Guadalupe.* (México, D. F., Publicaciones Paulinas, 2a ed., 7 de octubre de 1961).

844. *1962.* DOOLEY, Lester M., *That Motherly Mother of Guadalupe.* (Boston, St. Paul Editions, 1962).

845. *1962.* RAHM, Harold J., S.J., *Am I not Here. Mother of the Americas: Our Lady of Guadalupe.* (Washington, N.J., Ave Maria Institute, 1962). 160 pp. ilus.

846. *1962*. VALERIANO, Antonio, *Historia de las apariciones de Nuestra Señora de Guadalupe*. Escrita en náhuatl por . . . , adicionada por Alva Ixtlilxóchitl, publicada por el St. Luis Lasso de la Vega y traducida al castellano por el Lic. Primo Feliciano Velázquez. (México, 1962). [s.i.].

847. *1963*. IBARRA DE LA SELVA, Esteban, *La quinta aparición guadalupana; recopilación histórica*, Ed. de la I. y Nal. Basílica de Santa María de Guadalupe. (México, La Prensa, 1963). 187 p. ilus.

848. *1963*. MARTÍNEZ, Luis María, Ilmo., *El poema del Tepeyac*, Madrid, Stvdivm, 1963, 134 p. (Colec. Mariana núm. 28).

849. *1963*. AMATORA, Madre Mary, *El retrato de la reina; la historia de Nuestra Señora de Guadalupe*, México, Diana, 1963, 141 p. ilus. Traducción castellana (Spanish translation of) 1961; cf. *supra*, núm. 840.

850. *1963*. ACOSTA, Vicente, pbro., y MUNGUÍA, Cesáreo, canónigo, *Compendio histórico de la Ilustre y Venerable Congregación de Clérigos Seculares de Santa María de Guadalupe de la Ciudad de Santiago de Querétaro*. Monografías Históricas de la Diócesis de Querétaro: Colección Primer Centenario: 1863–1963. (Querétaro, Editorial Jus, 1963).

851. *1964*. BEHRENS, Helen, *America's Treasure: The Virgin Mary of Guadalupe*. A short history of the apparitions of the Virgin Mary to the Indian, Juan Diego and of the miraculous appearance of Her picture on His Tilma (mantle). This treasure is venerated on the main altar of the Basilica of Guadalupe in Mexico City. Revised Seventh Edition. (México, 1964).

852. *1964*. LEIES, Herbert F., *Mother for a New World: Our Lady of Guadalupe*. (Westminster, Maryland, Newman Press, 1964).

853. *1964*. VALLE, Rafael Heliodoro, *Guadalupe: Prodigio de América*. Prefacio de Alfonso Junco. Traducción inglesa (English translation): *Guadalupe: An American Prodigy*, by Paul Cannady. (México, 1964).

854. *1964*. VALERIANO, Antonio, *Historia de las Apariciones . . .* (México, Obra Nacional de la Buena Prensa, A.C., 1964). Nueva edición de núm. 846.

855. *1964*. WATSON, Simone, *The Cult of Our Lady of Guadalupe. A Historical Study*. (Collegeville, Minnesota, Liturgical Press, 1964).

856. *1964.* Alvarez, Arturo, *Guadalupe, arte, historia y devoción mariana.* (Madrid, Stvdivm, 1964). 362 p. ilus.

857. *1964.* Carol, J. B., *Mariología* (Madrid, [s.i.], 1964). (Colec. B.A.C., 242).

858. *1964.* Roschini, Gabriel, *Diccionario mariano.* (Barcelona, Editorial Litúrgica Española, 1964).

859. *1964.* Tirado López, Abel, *Nuestra Guadalupana en Santa Fe, Argentina.* (México, [Venecia], 1964). 92 p.

860. *1965.* Escalada, Xavier, S.J., *Santa María Tequatlasupe. Pequeños estudios en torno al Gran Hecho Mexicano.* (México, Imprenta Murguía, 1965).

861. c. *1965.* Usigli, Rodolfo, *Corona de luz; La Virgen.* (México, Fondo de Cultura Económica, c. 1965). 225 p. (Colec. Popular, 64).

862. *1965.* Valeriano, Antonio, *Historia de las apariciones de Nuestra Señora de Guadalupe,* Escrita en náhuatl, adicionada por Alva Ixtlixóchitl, publ. por Luis Lazo de la Vega, y tr. al castellano por Primo Feliciano Velázquez, 10 ed. (México, Buena Prensa. 1965). 24 p.; nueva edición de núm. 846, *supra.*

863. *1966.* Behrens, Helen, *The Virgin and the serpent god* (México, Editorial Progreso, 1966). 206 p. ilus.

864. *1966.* Bravo Ugarte, José, S.J., *Cuestiones históricas guadalupanas;* 2 ed., (México, Jus, 1966). 118 p. ilus. (Colec. "México Heróico", núm. 55).

865. *1966.* López Beltrán, Lauro, pbro., *La protohistoria guadalupana.* (México, Jus, 1966). 285 p., ilus. (Colec. México Heróico, núm. 52).

866. *1966.* Pérez Vargas, Atanasio, *En México floreció el milagro.* (México, [s.i.], 1966). 151 p.

867. *1966.* Sánchez-Ventura y Pascual, Francisco, *Garabandal: las apariciones no son un mito* (México, Casa Velux, 1966). 250 p. ilus.

868. *1966.* Torre Villar, Ernesto de la, *Los guadalupes y la independencia;* con una selección de documentos inéditos. (México, Jus, 1966). 79, 186 p.

869. *1966*. Anónimo, *La Guadalupana en la Huasteca de la Vainilla*. (México, 1966). s.i.

870. *1966*. BEHRENS, Helen, *El tesoro de América: La Santísima Virgen de Guadalupe*. Breve historia de las apariciones de la Santísima Virgen María al indio Juan Diego, y de la milagrosa aparición de su Imagen estampada sobre la tela de su tilma. Este divino tesoro se venera en la Basílica de Guadalupe, en la Ciudad de México. 1a. edición en español, por Helen Behrens. (México, D. F., 1967).

871. *1967*. SALAZAR Y ARCE, Manuel, *La Virgen y la serpiente*, conferencia sustentada en la Sala Schiefer de la ciudad de México, por el Lic. . . . el 27 de mayo de 1966, con motivo de la concesión que S. S. Paulo VI hizo de la *Rosa de Oro* a México. (México, D. F., 1966).

872. *1967*. POMPA y POMPA, Antonio, *El gran acontecimiento guadalupano;* (México, Jus, 1967). 165 p. ilus. (Colec. México Heróico núm. 68).

873. *1967*. VALERIANO, Antonio, *Historia de las apariciones de Nuestra Señora de Guadalupe;* adicionada por Alva Ixtlixóchitl, publ. por Luis Lazo (*sic*) de la Vega y tr. al castellano por Primo Feliciano Velázquez, 11a ed. (México, Buena Prensa, 1967). 24 p.; cf. *supra*, núm. 846.

874. *1967*. FERNÁNDEZ DE ECHEVERRÍA Y VEYTIA, Mariano, *Baluartes de México*. Descripción histórica de las cuatro milagrosas imágenes de Nuestra Señora, que se veneran en la muy noble, leal e imperial ciudad de México, Capital de la Nueva España. A los cuatro vientos principales, en sus extramuros, y de sus magníficos santuarios, con otras particularidades. (Edición facsímile 1967. Edmundo Aviña Levy, Editor. Obra póstuma. Dála a luz el R. P. Fray Antonio María de San José, Carmelita Descalzo. Méjico: 1820. En la imprenta de Alejandro Valdés).

875. *1968*. BLOOMGARDEN, Richard, *The Easy Guide to the Shrine of the Virgin of Guadalupe*, by . . . Photos by Mark Turok. (Published and distributed by Ammex Asociados S.A., México, D.F., 1968).

876. *1968*. Idem (*same author*), *Guía fácil de la Basílica de la Virgen de Guadalupe*, por . . . Traducido por Samuel Méndez del Castillo. (Publicado y distribuido por Ammex Asociados, S.A., México, D. F. 1968).

877. *1968*. HERRERA Y TEJEDA, Ignacio, *La Imagen más antigua de Nuestra Señora de Guadalupe que hay en la ciudad de Querétaro. La Guadalupana de Fray Margil*. La escribía . . . (Agosto de 1968).

878. *1968. Guide historique de l'Enceinte du Tepeyac et de la Basilique de la Vièrge de Guadalupe:* Voies de Communication. Lieux Historiques les plus importants. Art. Horaire des services. La Rose d'Or. Preparé par: Monseigneur Dr. Guillermo Schulenburg XXI, Abbé de Guadalupe. Sr. Pbro. Lic. Javier González. Sr. Pbro. Lic. Alfredo Ramírez. Sr. Pbro. José Cenobia. (Publié par: I. y N. Basílica de Guadalupe, 1968).

879. *1968.* BERGOEND, Bernardo, *La nacionalidad mexicana y la Virgen de Guadalupe,* 2a ed. (México, Jus, 1968). 165 p. ilus. (Colec. México Heróico, núm. 92).

880. *1968.* ESCALADA, Xavier, *Santa María Tequatlasupe* (México, Imprenta Murguía, 1968).

881. *1968.* ROYO MARÍN, Antonio, *La Virgen María: teología y espiritualidad marianas* (Madrid [s.i.], 1968). 517 p. (Bibl. de Autores Cristianos, 11).

882. *1969.* JUNCO, Alfonso, *El milagro de las rosas;* 3a. ed. (México, Jus, 1969). 144 p. (Colec. México Heróico).

883. *1969.* MONTEJANO Y AGUINAGA, Rafael, *Fundación del primitivo santuario guadalupano de San Luis Potosí* (San Luis Potosí, México, Academia de Historia Potosina, 1969). 11 p. (Biblioteca de Historia Potosina, Serie Cuadernos, 5).

884. *1969.* VALERIANO, Antonio, *Historia de las apariciones de Nuestra Señora de Guadalupe.* (México, [s.p.i.], 1969).

885. *1969.* SÁNCHEZ JUÁREZ, Guillermo, *Misa propia en español de Nuestra Señora de Guadalupe, emperatriz de América,* a una voz con acompañamiento de armonio u organo. (1969).

886. *1970.* CAMPOS PONCE, Xavier, *La Virgen de Guadalupe y la diosa Tonantzin.* (México, Ed. del Autor, 1970). 206 p. ilus.

887. *1970.* SIERRA, Juan, *Santísima Virgen.* (México, Editorial Candil, 1970).

888. *1970. Anónimo, Novena en honor de la Santísima Virgen de Guadalupe, venerada en el santuario del Tepeyac de México, Patrona de México y Emperatriz de América e Islas Filipinas.* Editada por el Club Guadalupano de México y sus filiales en el mundo en el año de la celebración del 75°

aniversario de la Coronacion de Santa María de Guadalupe (1° de enero de 1970).

889. *1970.* TAPIA MÉNDEZ, Aureliano, pbro., *Novena en honor de Nuestra Señora de Guadalupe,* preparada por . . ., con el *Nican Mopohua,* la más antigua historia de las apariciones guadalupanas de 1531, escrita en náhuatl por el evangelista de la aparición, don Antonio Valeriano en 1554, publicada por el sacerdote bachiller Luis Lasso de la Vega, en 1649, y traducida por el distinguido mexicanista Lic. D. Primo Feliciano Velázquez, en 1926 . . . (Monterrey, N. L., Ediciones "Al Voleo", 1970).

890. *1970.* VILLANUEVA, L. G., S.J., *La Inmaculada del Tepeyac, celestial Patrona de la América Latina.* Compendio histórico por el P . . . (México, 3a ed., 1970).

891. *1971.* FUENTE, Andrés Diego, S.J., *Descripción poética de la Imagen Guadalupana;* Introd. Joaquín Antonio Peñaloza. (México, Basílica de Guadalupe, 1971). 155 p. ilus.; cf. *supra,* núm. 224.

892. *1971.* JUNCO, Alfonso, *Un radical problema guadalupano.* 3a. ed. (México, Jus, 1971). 160 p. (Colec. México Heróico, núm. 109). "Autenticidad de la protohistoria escrita en náhuatl por don Antonio Valeriano contemporáneo de los sucesos en 1531, críticamente identificada dentro del *Huei Tlamahuizoltica* que Lasso de la Vega publicó en 1649 y que aquí se da íntegro en reproducción facsimilar, juntamente con su versión castellana hecha en 1926 por don Primo Feliciano Velázquez".

893. *1971.* LAFAYE, Jacques, *Quetzalcoatl et Guadalupe, Eschatologie et histoire . . . (1521–1821),* Tesis doctoral. (México, 1971). "This work is a revised and condensed version of a doctoral dissertation (thèse de doctorat d'Etat) presented to the University of Paris with the title *Quetzalcoatl et Guadalupe, Eschatologie et histoire au Mexique".* (Bibliothèque de la Sorbonne, 1971). (52), 1–4 (4v.), 932 p. ilus.

894. *1971.* TAPIA MÉNDEZ, Aureliano, *El Caballero de la Reina: Don Lorenzo Boturini Benaduci, caballero del Sacro Romano Imperio . . . precursor de la coronación pontificia de Santa María de Guadalupe* (Monterrey, 1971).

895. *1971.* SCHULENBURG, Guillermo, Mons., *Actualidad y vivencia del mensaje de la Santa María de Guadalupe . . .* (Zagreb, Yugoslavia, XII Congreso Mariano Internacional, 1971).

896. *1971.* AGUAYO SPENCER, Rafael, *La Virgen de Guadalupe en la historia de México.* ([s.p.i.]). 1971.

897. *1971.* WAHLIG, Charles J., O.D., *Present and Future of Juan Diego, Heroic Figure of the Natural and Supernatural.* 3 ed. (Kenosha, Wis., Marytown Press, 1962; 1st and 2nd ed., Mexico City).

898. *1972.* FERNÁNDEZ DE LIZARDI, Joaquín, "Auto Mariano" en: Lauro López Beltrán, *Representación de las Cuatro Apariciones,* 2 ed. (México, Jus, 1972). p. 57.

899. *1972.* LÓPEZ BELTRÁN, Lauro, pbro., *Representación de las Cuatro Apariciones,* 2 ed. (México, Jus, 1972). 360 p.

900. *1972.* Idem (*same author*), *Teatro Guadalupano,* 2 ed. (México, Jus, 1972). 401 p. (*Obras Completas,* 6).

901. *1972.* Idem (*same author*), *Treinta y dos milagros guadalupanos históricamente comprobados,* 3 ed. (México, Tradición, 1972). 123 p. (Colec. La Verdadera Historia, núm. 7).

902. *1972.* Idem (*same author*), *Lugar donde reposan los restos de Juan Diego.* (México, Editorial Tradición, 1972).

903. *1973.* Idem (*same author*), *Cuestionario Guadalupano,* 2 ed. (México, Tradición, 1973). 182 p.

904. *1973.* MARTÍ, Samuel, *La Virgen de Guadalupe y Juan Diego;* guía histórica guadalupana. (The Virgin of Guadalupe and Juan Diego; historical guide to Guadalupe). (English version by Gunhild Nilsson.) (México, Ediciones Euroamericanas, c. 1973). 153 p. ilus.

905. *1973.* GONZÁLEZ ECHEGARAY, Carmen, *La Patrona de México en las montañas de Santander.* (México, Editorial Jus, 1973).

906. *1973.* TAPIA MÉNDEZ, Aureliano, *Santa María de Guadalupe en el Nuevo Reino de León.* (Monterrey, N.L., Colección "Espiga", Ediciones "Al Voleo", Editorial Jus, 1973).

907. *1974.* RAHM, Harold, S.J., *A Mãe das Américas.* (São Paulo, Edições Loyola, 1974). Adaptação ao Brasil de Mária J. R. Lamego; tradução de P. Maurício Ruffier, S.J. Sobre el inglés original véase (on the En-

glish original see): *supra*, núm. 845. Versión portuguesa (Portuguese translation of the) *Nican Mopohua:* pp. 137–147.

908. *1974.* TOLEDANO HERNÁNDEZ, Manuel, *Las apariciones del Tepeyac: ¿mito o realidad?* (México, Editorial Posada, 1974).

909. *1974.* WAHL, Jan, *Juan Diego and the Lady. La Dama y Juan Diego*, Spanish translation by Dolores James García. Bilingual edition. Illustrated by Leonard E. Fisher. (New York, Putnam, 1974). Obra para jóvenes (juvenile literature).

909a. *1974.* BOTURINI BENADUCI, Lorenzo, *Idea de una Nueva Historia General de la América Septentrional.* Estudio preliminar por Miguel León-Portilla. (México, Editorial Porrúa, S.A., Colección "Sepan Cuantos", núm. 278, 1974). Primera edición: 1746; cf. *supra*, núm. 154a. Citamos esta edición en paréntesis. (We cite this edition in parentheses.)

910. *1974.* LAFAYE, Jacques, *Quetzalcoatl et Guadeloupe*, la formation de la conscience nationale au Mexique (1531–1813), Préf. d'Octavio Paz. (París, Gallimard, 1974). 29, 481 p. ilus., (Bibliothèque des Histoires).

911. *1974.* SALINAS, Carlos, *Juan Diego en los ojos de la Santísima Virgen de Guadalupe.* (México, Tradición, 1974). 169 p. ilus.

912. *1974.* WAHLIG, Charles J., *et. al.*, *A Handbook on Guadalupe for all Americans, A Pledge of Hope.* (Kenosha, Wisconsin, Ed. Knights of the Immaculata, Printed by Franciscan Marytown Press, 1974). 159 p. ilus.

913. *1975.* ALVEAR ACEVEDO, Carlos, *La Iglesia en la historia de México.* (México, Jus, 1975). 332 p.

914. *1975.* PIAULT, Bernardo, *La Virgen de Guadalupe en México.* (México, Jus, 1975). 102 p.

915. *1975.* RÍO, Gabriel del, *La Guadalupana es española.* (México, Editores Asociados, c. 1975). 159 p. ilus. (El Papalote, núm. 8).

916. *1976.* ALCALÁ, Alfonso, "Coronación de la imagen Guadalupana", I, *Tepeyac, El mensaje guadalupano.* (México, Año 1, 21, 15 noviembre, 1976). 1, 6.

917. *1976. Idem* (*same author*), "Coronación de la imagen Guadalupana", II, *Tepeyac, El mensaje guadalupano.* (México, Año 1, 22, 1° diciembre, 1976). 3.

918. *1976. Idem (same author)*, "Coronación de la imagen Guadalupana, III, *Tepeyac, El mensaje guadalupano.* (México, Año 2, 23, 12 diciembre, 1976). 3.

919. *1976.* APPENDINI, Guadalupe, "Manifestaron sólidos fundamentos en los que se basa la fe en la Aparición", *Excélsior.* (México, año 59, V, n. 21, 700, 9 septiembre 1976). 1, 2B.

920. *1976. Idem (same author)*, "700,000 personas visitarán la nueva Basílica de Guadalupe mensualmente", *Excélsior.* (México, año 59, V, n. 21, 699, 8 septiembre 1976). 1, 2B.

921. *1976.* AVILA SOTOMAYOR, Armando, "La nueva Basílica: marca mundial arquitectónica", *Tepeyac, El mensaje guadalupano.* (México, año 1, 21, 15 noviembre 1976). 7.

922. *1976.* CALDERÓN SALAZAR, José, "Guatemala venera también a la Virgen de Guadalupe", *Tepeyac, El mensaje guadalupano.* (México, año 1, 22, 1° diciembre 1976). 1, 2.

923. *1976.* CIVEIRA TABOADA, Miguel, "El nuevo santuario guadalupano", *Tepeyac, El mensaje guadalupano.* (México, año 1, 19, 12 octubre 1976). 4.

924. *1976.* COX, Patricia, "Evocación guadalupana", *Tepeyac, El mensaje guadalupano.* (México, año 1, 22, 1° diciembre 1976). 7.

925. *1976.* CHAUVET, Fidel de Jesús, O.F.M., "El hecho de las apariciones", *Tepeyac, El mensaje guadalupano.* (México, año 1, 16, 1° septiembre 1976). 2.

926. *1976. Idem (same author)*, "La imagen auténtica de la guadalupana e imagen de Nuestra Señora de la Letanía de Huejotzingo, Puebla", *Tepeyac, El mensaje guadalupano.* (México, año 1, 16, 1° septiembre 1976). 8.

927. *1976.* CHÁVEZ DE LA MORA, Gabriel, "La nueva Basílica", *Tepeyac, El mensaje guadalupano.* (México, año 1, 16, 1° septiembre 1976). 2.

928. *1976.* CHURRUCA, Agustín, S.J., "Fuentes jesuíticas guadalupanas del siglo XVI", *Tepeyac, El mensaje guadalupano.* (México, año 1, 16, 1° septiembre 1976). 2.

929. *1976.* Galindo, Enrique, "Santa María de Guadalupe: lazo de unión de dos razas", *Tepeyac, El mensaje guadalupano.* (México, año 1, 19, 12 octubre 1976). 10.

930. *1976.* González Méndez, J. Francisco, "Templos guadalupanos, Nuestra Señora de Guadalupe de los Hospitales", *Tepeyac, El mensaje guadalupano.* (México, año 1, 18, 1° octubre 1976). 3.

931. *1976.* Idem (*same author*), "Templos guadalupanos en la República Mexicana", *Tepeyac, El mensaje guadalupano.* (México, año 1, 16, 1° septiembre 1976). 7.

932. *1976.* Lafaye, Jacques, *Quetzalcoatl and Guadalupe: The Formation of Mexican National Consciousness, 1531–1815,* by . . . Foreword by Octavio Paz, trans. by Benjamin Keen. (Chicago, University of Chicago Press, 1976).

933. *1976.* Llamosa García, José Antonio, "Antología de la noticia. Ermitas de la Virgen de Guadalupe", *Excélsior.* (México, año 59, V, n. 21,737, 17 octubre 1976). 40.

934. *1976.* Idem (*same author*), "Antología de la noticia. La Guadalupana y nuestras luchas armadas", *Excélsior.* (México año 59, V. n. 21,740, 31 octubre 1976). 4C.

935. *1976.* Medina Ascensio, Luis, S.J., "La nueva casa de la Reina de México", *Tepeyac, El mensaje guadalupano.* (México, año 1, 19, 12 octubre 1976). 4.

936. *1976.* Mejic, Senén, "Problemas histórico-pastorales guadalupanos y Méndez Arceo", *Tepeyac, El mensaje guadalupano.* (México, año 1, 18, 1° octubre 1976). 1, 2.

937. *1976.* Schulenburg, Guillermo, Mons., "Mensaje del XXI Abad de Guadalupe", *Tepeyac, El mensaje guadalupano.* (México, año 1, 19, 12 octubre 1976). 12.

938. *1976.* Montejano y Aguiñanga, Rafael, "El silencio histórico guadalupano del siglo XVI", *Tepeyac, El mensaje guadalupano.* (México, año 1, 16, 1° septiembre 1976). 2.

939. *1976.* Idem (*same author*), *Notas para una Bibliografía Guadalupana,* publicación de *El Eco Guadalupano,* 2a época, año 5, núm. 25. (Gua-

dalajara, 12 de febrero de 1976). 2a ed.; cf. *supra*, núm. 768 (primera edición: 1949). 97 pp. Abreviada en esta obra: MAN.

940. *1976.* CHAUVET ALVAREZ, G., O.F.M., *Realidad de las apariciones de Nuestra Señora de Guadalupe. Estudio Histórico.* (México, Milicia de la Inmaculada, 1976).

941. *1976.* Anónimo, *Una gran señal aparecio en el cielo.* (11 de noviembre de 1976).

942. *1976.* NAVA RODRÍGUEZ, Luis, "La guadalupana en Tlaxcala", *Tepeyac, El mensaje guadalupano.* (México, año 1, 15, 12 agosto 1976). 1, 7.

943. *1976.* *Idem* (*same author*), "La guadalupana en Puebla", *Tepeyac, El mensaje guadalupano*, (México, año 1, 16, 1° septiembre 1976). 1, 6.

944. *1976.* *Idem* (*same author*), "Culto guadalupano en Italia", *Tepeyac, El mensaje guadalupano.* (México, año 1, 22, 1° diciembre 1976). 1, 6.

945. *1976.* OBREGÓN, Gonzalo, "Iconografía guadalupana", *Tepeyac, El mensaje guadalupano.* (México, año 1, 16, 1° septiembre 1976). 2.

946. *1976.* ORTIZ DE MONTELLANO, Guillermo, "La Virgen del Tepeyac en Las Antillas", *Tepeyac, El mensaje guadalupano.* (México, año 1, 16, 1° septiembre 1976). 1, 4.

947. *1976.* RIVERA CAMBAS, Manuel, *La Villa de Guadalupe a través del arte.* (México, Editorial Cosmos, 1976). 86 p. ilus.

948. *1976.* SALINAS, Carlos, y MORA, Manuel de la, *Descubrimiento de un busto humano en los ojos de la Virgen de Guadalupe*, por . . . Ed. bilingüe: español-náhuatl. (México, Editorial Tradición, 1976). 137 p. ilus.

949. *1976.* TORRE VILLAR, Ernesto de la, "La Virgen de Guadalupe emblema de la nacionalidad mexicana", *Tepeyac, El mensaje guadalupano.* (México, año 1, 16, 1° septiembre 1976). 2.

950. *1976.* TORROELLA, Enrique, "La nueva Basílica es funcional y la más moderna del mundo", *Tepeyac, El mensaje guadalupano.* (México, año 1, 19, 12 octubre 1976). 6, 7, 8.

951. c. *1976.* Anónimo, *Nueva Basílica de Nuestra Sra. de Guadalupe, Santuario de América: Sanctuary of America.* Edición bilingüe (México, c. 1976).

952. *1977*. Cabrera, Miguel, *Maravilla Americana y conjunto de raras maravillas observadas con la dirección de las reglas del Arte de la Pintura en la prodigiosa Imagen de N.S. de Guadalupe de México*, por . . . (México, 2a ed. facsimilar, Editorial Jus, 1977). Primera edición: 1756; cf. *supra*, núm. 173.

953. *1977*. Castillo y Piña, José, "El Virrey Bucareli fue insigne guadalupano", *Tepeyac, El mensaje guadalupano*. (México, año 2, 29, 15 marzo 1977). 6.

954. *1977*. Cruz, Sor Juana Inés de la, "Villancico a la Asunción de María", *Tepeyac, El mensaje guadalupano*. (México, año 2, 36, 1° julio 1977). 6.

955. *1977*. Dibar, Arturo, "Culto a la Virgen en países de Iberoamérica", *Tepeyac, El mensaje guadalupano*. (México, año 2, 47, 12 diciembre 1977). 3.

956. *1977*. *Anónimo*, "La Virgen de Guadalupe", *Nuestra Gente, Prensa Mexicana*. (México, año 2, 247, 16 diciembre 1977). 64.

957. *1977*. Gómez Bravo, Catarino, "Historia y guadalupanismo", *Tepeyac, El mensaje guadalupano*. (México, año 2, 43, 12 octubre 1977). 2.

958. *1977*. Gómez Marín, Manuel, "Inin huey Tlamahuizoltzin, trad. *Esta es la gran maravilla*. (Antiguo y poco conocido documento testifica que hubo un intermediario en las manifestaciones guadalupanas)", *Tepeyac, El mensaje guadalupano*. (México, año 2, 26, 1° febrero 1977). 1, 2, 3.

959. *1977*. Henetroso, Andrés, "Aquella Villa de Guadalupe", *Tepeyac, El mensaje guadalupano*. (México, año 2, 33, 15 mayo 1977). 1, 6.

960. *1977*. Isaacs, Jorge, "La Guadalupana dentro de la literatura colombiana", *Tepeyac, El mensaje guadalupano*. (México, año 2, 28, 1° marzo 1977). 1, 6.

961. *1977*. Salazar López, José, Cardinal, "El atentado a la Virgen en '21 otra gran prueba. La bomba que le explotó nada le hizo a Su Imagen ni al cristal que la cubre", *Tepeyac, El mensaje guadalupano*. (México, año 2, 29, 15 marzo 1977). 1, 2.

962. *1977.* LAINÉ, Juan, "Templos guadalupanos, Del Río, Texas, arqui-diócesis de San Antonio", *Tepeyac, El mensaje guadalupano.* (México, año 2, 45, 15 noviembre 1977). 1, 6.

963. *1977.* MEDINA ASCENSIO, Luis, S.J., "Estupendo el valor histórico de las informaciones guadalupanas de 1666; los orígenes del Angelus Do-mini; 20 testigos en las informaciones de carácter oficial", *Tepeyac, El mensaje guadalupano.* (México, año 2, 33, 15 mayo 1977). 1, 7.

964. *1977.* Idem (*same author*), "Historicidad de las apariciones de la Vir-gen (de no fiarse de los valiosos testimonios de indígenas, hay bastan-tes, muy importantes, de distinguidos españoles)", *Tepeyac, El mensaje guadalupano.* (México, año 2, 27, 15 febrero 1977). 1, 2, 3.

965. *1977.* MONTEJANO Y AGUIÑAGA, Rafael, "El silencio histórico guada-lupano del siglo XVI", *Tepeyac, El mensaje guadalupano.* (México, año 2, 24, 1° enero 1977). 1, 6.

966. *1977.* MONTEMAYOR, Maurilio, "La fuerza viva de México coronó a su Patrona como reina del trabajo", *Tepeyac, El mensaje guadalupano.* (México, año 2, 46, 1° diciembre 1977). 1, 4.

967. *1977.* RODRÍGUEZ, Luis, "La capilla guadalupana en Orizaba data del año 1709", *Tepeyac, El mensaje guadalupano.* (México, año 2, 39, 15 agosto 1977). 1.

968. *1977.* LÓPEZ BELTRÁN, Lauro, pbro., *La historicidad de Juan Diego.* (Edit. Tradición, 1977).

969. *1977.* ORTIZ DE MONTELLANO, Guillermo, "Análisis lingüística del *Nican Mopohua*" (8 partes), *Tepeyac, El mensaje guadalupano.* (México, año 2, 15 agosto hasta 15 noviembre 1977). N.B. Aprovechamos esta oportunidad de recordar que esta revista mexicana, que conocemos desde 1976 y que sigue hoy (1985) editando estudios guadalupanos de índole científica y popular, es una fuente valiosa e inagotable de historia y devoción guadalupanas. (We avail ourselves of the opportunity to call attention to the fact that this review, which we have known since 1976 and which continues today, 1985, to publish Guadalupan articles, both scholarly and popular, is an important and inexhaustible source of Gua-dalupan history and devotion.)

970. *1977.* RUBLÚO, Luis, "Himno guadalupano de María Enriqueta", *Tepeyac, El mensaje guadalupano.* (México, año 2, 12, 1° mayo 1977). 8.

971. *1977.* TREJO RAMOS, Belisario, "Recuerdos guadalupanos", en: Gordillo y Ortiz, Octavio: *Diccionario Biográfico de Chiapas.* (México, B. Costa-Amic Editores, 1977). p. 250.

972. *1978. Primer Encuentro Nacional Guadalupano,* México, D.F., 7 y 8 de septiembre de 1976. (Editorial Jus, México, 1978). 163 pp. Contiene los siguientes estudios importantes (contains the following important articles):

> MEDINA ASCENSIO, Luis, S.J. "El Primer Encuentro Nacional Guadalupano" 9–13
> ALCALÁ ALVARADO, Alfonso, M.Sp.S., "Relación del Encuentro"... 15–20
> CHAUVET, Fidel de Jesús, O.F.M., "Las apariciones guadalupanas en el Tepeyac" 25–48
> TORRE VILLAR, Ernesto de la, "La Virgen de Guadalupe, Emblema de la Nacionalidad Mexicana" 49–71
> POMPA Y POMPA, Antonio, "Un Radical Problema Guadalupano"... 73–80
> OBREGÓN, Gonzalo, "Iconografía Guadalupana" 81–90
> RANGEL CAMACHO, Manuel, "Valeriano y los testimonios indígenas del s. XVI" 91–112
> CHÁVEZ DE LA MORA, Gabriel, O.S.B., "La Nueva Basílica" 113–139
> MONTEJANO Y AGUIÑAGA, Rafael, pbro., "Silencio Histórico Guadalupano del s. XVI" 141–146
> CHURRUCA, Agustín, S.J., "La Virgen de Guadalupe y los jesuitas en el s. XVI" 147–160

973. *1978.* ESCALADA, Xavier, *Santa María Tequatlasupe. Pequeños estudios entorno al gran hecho mexicano.* (México, Imp. Murguía, 3a ed., 1978).

974. *1978.* CHAUVET, Fidel de Jesús, O.F.M., *Las Apariciones Guadalupanas del Tepeyac.* (México, Editorial Tradición, 1978).

975. *1978. Idem (same author), El culto guadalupano del Tepeyac, sus orígenes y sus críticos en el siglo XVI.* (México, Centro de Estudios Bernardino de Sahagún, 1978). 269 p. ilus.

976. *1978. Anónimo,* "Franciscans for the cause of Juan Diego; Our Lady of the Americas, significant dates", *Tepeyac, El mensaje guadalupano.* (México, año 2, 71, 12 diciembre 1978). 12.

977. *1978.* GARIBAY K., Angel María, Canónigo, "El hecho guadalupano", *Histórica, Revista trimestral, Organo del Centro de Estudios Guadalupanos, A.C.* (México, n. 7, julio–septiembre 1978). 9–26.

978. *1978.* GORDOA, Marcos, S.J. "Carta de don Joaquín García Icazbalceta tan discutida y refutada por la historiografía guadalupana", *Histó-*

rica, Revista Trimestral, Organo del Centro de Estudios Guadalupanos, A.C. (México, n. 2, enero-marzo 1978). 7.

979. *1978.* Idem (*same author*), "La carta de don Joaquín García Icazbalceta acerca de las apariciones guadalupanas", *Histórica, Revista Trimestral, Organo del Centro de Estudios Guadalupanos*, A.C. (México, n. 3, abril–junio 1978). 7.

980. *1978.* LÓPEZ BELTRÁN, Lauro, pbro., *Album de la coronación de Nuestra Señora de Guadalupe en Jerusalén.* (México, Edit. Tradición, 1978). 231 p. ilus.

981. *1978.* MARCUÉ GONZÁLEZ, Alfonso, "El regalo del Papa Paulo VI para Nuestra Madre—una rosa de oro bendecida en la Capilla Sixtina", *Tepeyac, El mensaje guadalupano.* (México, año 3, 67, 12 octubre 1978). 1, 4, 5.

982. *1978.* MEDINA ASCENSIO, Luis, S.J., "La devoción de Nuestra Señora de Guadalupe", *Histórica, Revista Trimestral, Organo del Centro de Estudios Guadalupanos*, A.C. (México, n. 2, enero–marzo 1978). 7, 6.

983. *1978.* MEJIC, Senén, "Nuevo templo a nuestra Guadalupana en Italia", *Tepeyac, El mensaje guadalupano.* (México, año 3, 65, 15 septiembre 1978). 1, 6.

984. *1978.* Anónimo, "Poemas nicaragüenses (1935). Exvoto a la Guadalupana", *Histórica, Revista Trimestral, Organo del Centro de Estudios Guadalupanos*, A.C. (México, n. 4, julio–septiembre 1978). 27–29.

985. *1978.* Anónimo, "The Story of the Miracle", *Tepeyac, El mensaje guadalupano.* (México, año 3, 70, 1° diciembre 1978). 1.

986. *1978.* VALERIANO, Antonio, *Nican Mopohua*, Edición y notas de trad. por el P. Mario Rojas Sánchez. (México, Imprenta Ideal, 1978).

987. *1979.* ALAMILLA ARTEAGA, G., "El mensaje social de la Virgen de Guadalupe", *Histórica, Revista Trimestral, Organo del Centro de Estudios Guadalupanos*, A.C. (México, n. 8, julio–septiembre 1979). 21–25.

988. *1979.* Anónimo, "Anuncio de un plan de evangelización para conmemorar en 1981 los 450 años de las apariciones de Nuestra Señora de Guadalupe", *Tepeyac, El mensaje guadalupano.* (México, año 4, 73, 15 enero 1979). 8, 6.

989. *1979*. APPENDINI, Guadalupe, "Estudios sobre la tradición de las apariciones de la Virgen de Guadalupe . . .", *Excélsior.* (México, 1979, año 63, V, n. 22,869, 9 diciembre 1979). Sección "B", 1, 5.

990. *1979*. *Idem* (*same author*), "Río de luz hecho amor para la edificación del reino. Significado de la palabra Guadalupe en lengua árabe . . .", *Excélsior.* (México 1979, año 63, VI, n. 22,872, 12 diciembre 1979). Sección "B", 1, 13.

991. *1979*. BURRUS, Ernest J., S.J., *A Major Guadalupan Question Resolved: did General Scott Seize the Valeriano Account of the Guadalupan Apparitions?* (Washington, D.C., Center for Applied Research in the Apostolate, 1979). 75 p. (*CARA* Studies on Popular Devotion, vol. II: Guadalupan Studies No. 2).

992. *1979*. Anónimo, *Coronación Pontificia de la Imagen de Santa María de Guadalupe, salud de los enfermos, venerada en su Santuario de su quinta aparición en Tulpetlac; mensaje de la quinta aparición.* (México, Impresión Litográfica México, 1979). 52 p. ilus.

993. *1979*. CORRIPIO AHUMADA, Ernesto, Cardinal, "Un plan de evangelización para conmemorar los 450 años de las apariciones de Nuestra Señora de Guadalupe", *Histórica, Revista Trimestral, Organo del Centro de Estudios Guadalupanos, A.C.* (México, n. 7, abril–junio 1979). 9–11.

994. *1979*. Anónimo, *Exhortación Pastoral, la presencia de Santa María de Guadalupe y el compromiso evangelizador de nuestra fé.* Conferencia del Episcopado Mexicano, 3 ed. (México, Ediciones Paulinas, 1979). 46 p.

995. *1979*. GALAVIZ, Juan Manuel, "Nuestra Señora de Guadalupe y el sentido evangelizador de su presencia en América Latina, Puebla, 13 febrero 1979", *Histórica, Revista Trimestral, Organo del Centro de Estudios Guadalupanos, A.C.* (México, n. 8, julio–septiembre 1979). 3, 6.

996. *1979*. GRAJALES RAMOS, Gloria, "El Guadalupanismo: constante histórica de México", *Tepeyac, El mensaje guadalupano.* (México, año 4, 73, 15 enero 1979). 1, 7.

997. *1979*. LÓPEZ BELTRÁN, Lauro, pbro., "Coronaciones guadalupanas: en la Parroquia de Monte Mario, Roma, el 11 de diciembre de 1955", *Tepeyac, El mensaje guadalupano.* (México, año 4, 93, 15 noviembre 1979). 1, 6.

998. *1979.* MEJIC, Senén, "Mexicanidad e internacionalidad de la Guadalupana, nuestra reina e historicidad de la Guadalupana, madre y patrona de América y Filipinas", *Tepeyac, El mensaje guadalupano.* (México, año 4, 80, 1° mayo 1979). 1, 8.

999. *1979. Idem (same author),* "Las festividades del 12 de diciembre en Roma", *Tepeyac, El mensaje guadalupano.* (México, año 4, 74, 1° febrero 1979). 8, 6.

1000. *1979.* RUBLÚO, Luis, "Imagen poética de Santa María de Guadalupe en el siglo XVI", *Histórica, Revista Trimestral, Organo del Centro de Estudios Guadalupanos, A.C.* (México, n. 6, enero–marzo 1979). 27–28.

1001. *1979.* Anónimo, "Teopixki Kilotlahuatitzin Huaxatiteotl, Koatlamatlayen Ihuan Tloteonantzin", *Tepeyac, El mensaje guadalupano.* (México, año 4, 73, 15 enero 1979). 3.

1002. *1979. Segundo Encuentro Nacional Guadalupano,* México, D.F., 2 y 3 de diciembre de 1977. (Editorial Jus, México, 1979). 147 pp. Contiene los siguientes estudios importantes (contains the following important articles):

CASTRO PALLARES, Salvador, "La Virgen de Guadalupe ante la teología"	11–19
MEDINA ASCENSIO, Luis, S.J., "Las apariciones como un hecho histórico"	21–39
(La traducción inglesa en núm. 1004)	
REINOSO, Salvador, "Fray Bernardino de Sahagún y Antonio Valeriano"	41–53
LÓPEZ BELTRÁN, Lauro, pbro., "La historicidad de Juan Diego" . . .	55–70
CHAUVET, Fidel de J., O.F.M., "Fr. Juan de Zumárraga y las apariciones"	71–89
ROJAS S., Mario, pbro., "La Tonantzin y Ntra. Sra. de Guadalupe"	91–101
JIMÉNEZ LÓPEZ, J. Jesús, pbro., "El testimonio del P. Juan González"	103–137
ROJAS, Mario, pbro., "Relación Primitiva Guadalupana"	139–144
(Continuación del artículo anterior)	

1003. *1979. Varios autores (Antonio Valeriano, Luis Becerra Tanco, Francisco Florencia S.J., Primo Feliciano Velázquez, José de Jesús Manríquez y Zárate, Lauro López Beltrán, Mario Rojas Sánchez, Ramón Sánchez Flores), Juan Diego, el Vidente del Tepeyac (1474–1548): Biografía Compendiada.* (México, Monumenta Historica Guadalupensia, núm. 2, 1979). 157 pp.; portada: dibujo de Juan Diego.

1004. *1979*. MEDINA ASCENSIO, Luis, S.J., *The Apparitions of Guadalupe as Historical Events*. (Washington, D.C., Center for Applied Research in the Apostolate, Studies on Popular Devotion, Vol. IV, Guadalupan Studies, No. 1, February 1979). vi + 30 pp.

1005. *1979*. PAREDES, Ignacio, S.J., *Promptuario manual mexicano* (México, 1979). Primera edicion: 1759; cf. *supra*, núm. 206. Hubo una edición anterior (México, 1750); pero sin el sermón guadalupano de la segunda edición (there was an earlier edition without the Guadalupan sermon); cf. BURRUS, *Mexican Jesuit Authors*, 480.

1006. *1979*. AMEZCUA MEDINA, Enrique, pbro., *La Virgen, Juan Diego y Tulpetlac*, s.i.p. 96 pp.

1007. *1979*. *Río de Luz*, Edición especial, núm. 17: Varios autores que tratan de asuntos y temas guadalupanos. (México, 1979). 244 pp., ilus.

1008. *1979*. *Tercer Encuentro Nacional Guadalupano*, México, D.F., 5, 6 y 7 de diciembre de 1978. (Editorial Jus, México, 1979). 109 pp., ilus. Contiene los siguientes estudios importantes (contains the following important articles):

> RUBLÚO ISLAS, Luis, "Imagen poética de Sta. María de Guadalupe en el s. XVI" 13–17
> CIVEIRA TABOADA, Miguel, "Visita de Virreyes en el s. XVI a la casa de Ntra. Sra. de Guadalupe" 19–30
> GRAJALES RAMOS, Gloria, "El Guadalupanismo, constante histórica de México" 31–44
> CHAUVET, Fidel de J., O.F.M., "Los franciscanos en la zona exterior noroeste de la Cd. de México: sus relaciones con lo Guadalupano" . . . 45–63
> MIRANDA, Francisco, y POMPA Y POMPA, Antonio, "Las ermitas guadalupanas" 65–79
> SÁNCHEZ FLORES, Ramón, "Localización de la casa de Fr. Juan de Zumárraga, donde se veneró la Imagen de N.S. de Guadalupe: nuevas noticias documentales" 80–101

1009. *1980*. APPENDINI, Guadalupe, "Hay pruebas fotográficas de retoques al rostro: [Rodrigo] Franyutti", *Excélsior*. (México, año 64, IV, n. 23,129, 28 agosto 1980). Sección "B", 1, 5, 10.

1010. *1980*. ASTE, José, "Análisis por computadora en los ojos de la Virgen de Guadalupe", *México Desconocido, La Virgen de Guadalupe, 450 aniversario*. (Ed. especial, n. 319, 13 junio 1980). 42–44.

1011. *1980*. Escalada, Xavier, "Sólo las nubes que rodean la imagen de la Virgen de Guadalupe, retocadas", *Excélsior.* (México, año 64, IV, n. 23,126, 25 agosto 1980). Sección "B", 1, 4.

1012. *1980. Anónimo*, "La Guadalupana y nuestras luchas armadas", *Realidades de América.* (México, n. 124, noviembre–diciembre 1980). 11, 14.

1013. *1980.* López Beltrán, Lauro, pbro., "Guadalupanismo internacional; relación de algunas de las dos mil imágenes guadalupanas cronológicamente coronadas en Europa, América y Asia", *México Desconocido, La Virgen de Guadalupe.* (450 aniversario. Ed. especial, n. 319, 13 junio 1980). 29–32.

1014. *1980. Idem (same author)*, *Obras guadalupanas*, tomo I, *Homenaje Lírico Guadalupano.* (México, Edit. Tradición, 1980). 199 p.

1015. *1980.* Mercado Rojano, Antonio, "Lorenzo Boturini Benaduci, precursor de las coronaciones guadalupanas". *México Desconocido, La Virgen de Guadalupe, 450 aniversario.* (Ed. especial, n. 319, 13 junio 1980). 10–12.

1016. *1980.* Montemayor, Maurilio, "Centro de Estudios Guadalupanos", *México Desconocido, La Virgen de Guadalupe, 450 aniversario.* (Ed. especial, n. 319, 13 junio 1980). 38.

1017. *1980.* Muriel de González Mariscal, Josefina, "Las fiestas en el Santuario de Nuestra Señora de Guadalupe en el siglo XVI", *México Desconocido, La Virgen de Guadalupe, 450 aniversario.* (Ed. especial, n. 319, 13 junio 1980). 13–15.

1018. *1980.* Orozco, José Luis, "¿La Guadalupana en la Batalla de Lepanto?", *México Desconocido, La Virgen de Guadalupe, 450 aniversario.* (Ed. Especial, n. 319, 13 junio 1980). 19–20.

1019. *1980. Anónimo*, "Un retablo guadalupano con prematuro ambiente nacionalista", *México Desconocido, La Virgen de Guadalupe, 450 aniversario.* (Ed. especial, n. 319, 13 junio 1980). 17–18.

1020. *1980.* Rodríguez, Mauro, *Guadalupe: ¿Historia o Símbolo?*, Prol. de Vicente Leñero. (México, Editorial Edicol, 1980). 108 p.

1021. *1980*. Sánchez Flores, Ramón, "Actuales investigaciones históricas del suceso guadalupano", *México Desconocido, La Virgen de Guadalupe, 450 aniversario*. (Ed. especial, n. 319, 13 junio 1980). 39–41.

1022. *1980*. *Cuarto Encuentro Nacional Guadalupano*, México, D.F., 4, 5 y 6 de diciembre de 1979. (Editorial Jus, México, 1980). 115 pp., ilus. Contiene los siguientes estudios importantes (contains the following important articles):

> Cervantes Aguirre, Rafael, O.F.M., "El Incidente
> Bustamante" 13–30
> Civeira Taboada, Miguel, "El 'Quetzalcoatl y Guadalupe'
> de Lafaye" 31–43
> Burrus, Ernest J., S.J. "¿Dónde esta la Colección de Sigüenza y
> Góngora?".. 45–66
> Reynoso, Salvador, "Fr. Servando Teresa de Mier y la Virgen de
> Guadalupe" 67–81
> Manrique, Jorge Alberto, "El Antiguadalupanismo de
> Juan B. Muñoz" 83–89
> Sánchez Flores, Ramón, "El Método Histórico de Icazbalceta".. 91–112

1023. *1980*. Cuevas, Mariano, S.J., *Album Histórico Guadalupano del IV Centenario*, por . . . Director Artístico de esta edición: Mateo A. Saldaña. (México, D.F., Escuela Tipográfica Salesiana, 1980). Sobre la primera edición: *supra*, núm. 602.

1024. *1980*. Salinas, Carlos, y Mora, Manuel de la, *Descubrimiento de un busto humano en los ojos de la Virgen de Guadalupe*, por . . . Dictámenes médicos, carta a SS. Paulo VI, carta a las altas autoridades eclesiásticas de México. (México, Editorial Tradición, 1980).

1025. c. *1980*. Amezcua Medina, Enrique, párroco de Tulpetlac, *Notas históricas del Santuario de la Quinta Aparición Guadalupana de Tulpetlac*. (s.p.i., 1980?). 76 pp., ilus.

1026. *1980*. *Varios autores: Documentario Guadalupano, 1531–1768*. (México, Monumenta Historica Guadalupensia, núm. 3). 299 pp.

1027. *1981*. Sánchez Flores, Ramon, *Juan Diego personalidad histórica de un pobre bienaventurado*. Estudios y Documentos. Edición de Noticias y Documentos Históricos, Organo de la Comisión de Historia de la Federación de los Oratorios de San Felipe Neri. (México, Editorial Jus, S.A., 1981). 108 p.

1028. *1981*. Aste Tonsmann, José, Dr., *Los ojos de la Virgen de Guadalupe. Un estudio por computadora electrónica.* (México, Editorial Diana, 1981). 144 pp., ilus.

1029. *1981*. Burrus, Ernest J., S.J., *The Oldest Copy of the Nican Mopohua.* (Washington, D.C., Center for Applied Research in the Apostolate, CARA Studies on Popular Devotion, Vol. IV: Guadalupan Studies, No. 4, 1981). viii + 40 pp.

1030. *1981*. Callahan, Philip Serna, *The Tilma under Infra-Red Radiation. An Infrared and Artistic Analysis of the Image of the Virgin Mary in the Basilica of Guadalupe.* (Washington, D.C., Center for Applied Research in the Apostolate, CARA Studies on Popular Devotion, Vol. II: Guadalupan Studies, No. 3, 1981). 45 pp., ilus.

1031. *1981*. *Idem (same author)*, and Smith, Jody Brant, *La tilma de Juan Diego, ¿técnica o milagro? Estudio analítico al infrarrojo de la Imagen de Nuestra Señora de Guadalupe.* Traducción y notas: Faustino Cervantes I. (México, Editorial Alhambra Mexicana, 1981). 138 pp., ilus. Título original de la obra (original title of the book): *The Virgin of Guadalupe. An Infrared Study.*

1032. *1981*. Fernández, Manuel, *El gran documento guadalupano: 450 años después. El acontecimiento del Tepeyac a la luz de la historia, la ciencia y los sumos pontífices.* (México, Editorial La Familia 2000, 1981). 160 pp., ilus. Entre los documentos valiosos (among the important documents): *Nican Mopohua*, en edición bilingüe, por Mario Rojas S., 45–81.

1033. *1981*. Johnston, Francis, *The Wonder of Guadalupe. The Origin and Cult of the Miraculous Image of the Blessed Virgin in Mexico.* (Rockford, Ill., Tan Books and Publishers, Inc., 1981). 146 pp., ilus.

1034. *1981*. *Album del 450 aniversario de las apariciones de Nuestra Señora de Guadalupe.* (México, Buena Nueva, A.C., 1981). 304 pp. en folio, ilus. Contiene estos estudios importantes (contains the following important articles):

1035. *1981.* MARTÍINEZ, Rafael, *La Reina de los Mexicanos: Album histórico, Descriptivo y Popular, destinado a conmemorar el IV Centenario de la Portentosa Aparición de la Virgen de Guadalupe.* (México, 1931).

1036. *1981. México Desconocido* (número especial de esta revista): *La Virgen de Guadalupe.* Estudios por varios autores. (México, Organización Editorial Novaro, 1981). 48 pp. + 4 pp., ilus. Ya indicamos los varios artículos que constituyen este número de la revista. (We have already indicated the various articles that make up this issue of the review.)

1037. *1981.* RODRÍGUEZ, Jesús María, *Los antiaparicionistas frente al milagro del Tepeyac.* (México, Editorial Hombre, 1981). 66 pp.

1038. *1981.* SÁNCHEZ FLORES, Ramón, *Juan Diego, personalidad histórica de un pobre bienaventurado. Estudios y Documentos.* (México, NYDH Monografías Históricas, No. 1, 1981). 109 pp.

1039. *1982.* TORRE VILLAR, Ernesto de la, y NAVARRO DE ANDA, Ramiro, *Testimonios Históricos Guadalupanos.* Compilación, prólogo, notas bibliográficas e índices por . . . (México, Fondo de Cultura Económica, 1982). 1470 pp. Esta obra valiosísima contiene estos estudios y textos importantes (This most valuable book contains the following important articles and texts):

1040. *1982*. LÓPEZ BELTRÁN, Lauro, pbro., *Obras Guadalupanas*. Tomo VI: *Patronatos Guadalupanos* (México, Editorial Tradición, 1982). 176 pp.

1041. *1983*. BURRUS, Ernest J., S.J., *The Basic Bibliography of the Guada-lupan Apparitions (1531–1723)*. (Washington, D.C., Center for Applied Research in the Apostolate. CARA Studies on Popular Devotion, Vol. IV, Guadalupan Studies, No. 5, 1 February 1983). 36 pp.

1042. *1983*. SMITH, Jody Brant, *The Image of Guadalupe. Myth or Miracle?* (New York, Doubleday, 1983).

1043. *1983. 450° Aniversario, 1531–1981. Congreso Mariológico.* (México, D.F., Basílica de Santa María de Guadalupe, 1983). 543 pp. Omitimos los estudios que no tratan estrictamente de temas guadalupanos (We omit in this list the articles which are not strictly Guadalupan):

LOZANO BARRAGÁN, Javier, *Significado cultural del hecho guadalupano* 271–280
ZUBILLAGA V., Manuel, *Aspecto libertador de la devoción guadalupana* 281–295
SILLER A., Clodomiro L., *Fenomenología de la religiosidad popular* 297–312
BURRUS, Ernest J., S.J., *La Continuidad y Congruencia de los Documentos de la Historia Guadalupana* 315–339
GUERRERO, José Luis G., *Flor y Canto . . . ¿Prehistoria del Guadalupanismo?* 341–367
OLIMÓN NOLASCO, Manuel, *Han aparecido Flores* 369–373
RANGEL CAMACHO, Manuel, *Juan Diego: su persona y su misión histórica* 375–386
RUBLÚO, Luis, *Siles y el símbolo de Guadalupe* 387–395
GÚZMAN, Alfonso, O.S.A., *Los patronatos y la coronación Guadalupana* 397–406
JIMÉNEZ LÓPEZ, J. Jesús, pbro., *Los historiadores Guadalupanos de la Ilustración* 407–424
ALCALÁ ALVARADO, Alfonso, M.Sp.S., *El antiguadalupanismo y la crítica histórica* 425–440
MARTÍN RIVERA, José de, *El nacionalismo mexicano y la Virgen de Guadalupe* 441–451
CASTRO PALLARES, Alfonso, *Poesía Guadalupana de los s. XVII y XVIII* 455–486
PEÑALOSA, Joaquín Antonio, *Poesía Guadalupana Contemporánea* .. 487–502
AVILA BLANCAS, Luis, *Los principales pintores de la Guadalupana* ... 503–522
MONTEJANO Y AGUIÑAGA, Rafael, *La Bibliografía Documental Guadalupana* 525–530

1044. *1983.* ROJAS SÁNCHEZ, Mario., pbro., y HERNÁNDEZ ILLESCAS, Juan Homero, Dr., *Las estrellas del manto de la Virgen de Guadalupe.* (México, Francisco Méndez Oteo, 1983). vi + 85 pp., ilus.

1045. *1983.* CAWLEY, Martinus, O.S.C.O., *Guadalupe: From the Aztec Language.* (Washington, D.C., Center for Applied Research in the Apostolate, CARA Studies on Popular Devotion, Vol. II: Guadalupan Studies, No. 7, December, 1983). Esta versión poética se hizo directamente del texto náhuatl (This poetic version was made directly from the Nahuatl text).

1046. *1983.* VERDUZCO, Jerónimo, O.F.M., *Virgo mater Nostra. Poesía.* 2 ed. (Piedras Negras, Tlalixcoyan, Veracruz, México, 1983). Ilus. 140 p.

1047. *1983?* FRANYUTI, Rodrigo, *El verdadero y extraordinario rostro de la Virgen de Guadalupe.* (México, 1983?). 34 pp., ilus.

1048. *1984.* BURRUS, Ernest J., S.J., *Juan Diego and Other Native Benefactors in the Light of Boturini's Research.* (Washington, D.C., Center for Applied Research in the Apostolate, CARA Studies on Popular Devotion, Vol. II, Guadalupan Studies, No. 7, March, 1984). ii + 52 pp.

1049. *1984.* RANGEL CAMACHO, Manuel, *Virtudes y fama de Santidad de Juan Diego, siglos XVI al XX.* (México, Editorial Jus, 1984). 272 pp., ilus.

Indice Analítico

Analytic Index

Los números al final de cada nombre se refieren a los párrafos del texto, nunca a las páginas. El Indice, como el texto mismo, se destina a los lectores del castellano y del inglés. Las palabras castellanas que los lectores de habla inglesa difícilmente entendieran se explican en su idioma. Las abreviaturas del Indice son las mismas que las del texto, con la excepción de G, que significa: Guadalupe, Guadalupano, etc. (The numbers at the end of each entry always refer to the paragraphs of the text, never to the pages. The Index, like the text proper, is destined for both Spanish and English readers. Spanish words not readily intelligible to English readers are translated or explained. The abbreviations used in this Index are the same as those of the text except for G, which means: Guadalupe, Guadalupan, etc.)